十力文化

十力
文化

十力文化

十力文化

為什麼資本家即使什麼都不做，財富也會一直增加？

圖解二十一世紀資本論

《皮凱提觀點完全解說》修訂版

二十一世紀展望協會
神樹兵輔

見るだけでわかる
ピケティ超図解

An Illustrated Guide to Capital in the Twenty-First Century

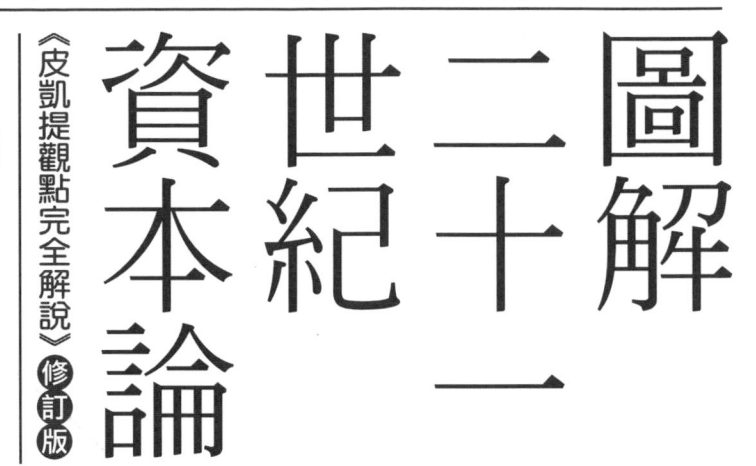

【前言】

皮凱提風潮代表什麼？

首先，謝謝你購買這本書。

二〇一四年，美國出版了湯瑪斯・皮凱提的「二十一世紀資本論」的英譯本後，就開始掀起了一股皮凱提旋風。

將近七百多頁的經濟學叢書，半年左右的時間銷售量已經快超過50萬本，實在是非常驚人的數字。接著，也開始翻譯成各國語言出版，總銷售量也持續上升中。日本在同年十二月也發行了日文版，不到一個月就已經賣出超過10萬本，之後仍後勢看好。皮凱提所提出的問題，在各種社交場合都是高度談論的話題。

究竟皮凱提爲什麼這麼備受矚目呢？

當時正值美國「占領華爾街」的示威活動期間，也就是前1%的超高額所得者與其他99%所得者的對立背景下產生的。

日本也有所謂的「正式員工」以及「非正式員工」的雇用差別待遇，以及貧窮狀況，甚至還有低薪的「黑心企業」等等造成惡劣工作環境的問題。

其他如歐洲各國也有許多高失業率、移民人口的差別、就業環境、低勞動所得等貧富差距的問題，也是各國所關心的。

從上述這些資本社會主義所面臨的社會「不平等」的實際狀況下，人們心底的懷疑正好與皮凱提的「資本主義矛盾」不謀而合，因此才有如此廣大的迴響吧！

「二十一世紀資本論」並不容易閱讀？

就這樣，皮凱提旋風席捲全球，因此跑到書店購買「二十一世紀資本論」的讀者也不在少數吧！

但是，發現有很多遇到如「太難懂了」、「只讀前面一點就無法繼續……」、「書太厚了沒有時間看完……」、「到底什麼才是真正的問題啊？讀了之後反而更困惑」等問題的讀者，這眞是太可惜了！

的確，皮凱提提供了龐大的歷史數據，加上多面向的分析解說，讓人感到沒有條理、很難統整也很正常。

事實上，即使在好評不斷的聲浪中也可以發現，多數人還是覺得「艱澀難懂」，實在讓人大吃一驚啊！

給讀過「二十一世紀資本論」，或是讀不下去的讀者們一本簡明扼要的統整書！

對於那些看不下去，以及想要試著瞭解，或是根本不想深究只想知道重點的讀者們，本書就是你最好的選擇。

本書大量使用簡單明瞭的圖解，整理「二十一世紀資本論」重點內容，依序解說皮凱提的經濟理論。

尚未讀過「二十一世紀資本論」的讀者，先閱讀本書，一定會對原著更感興趣；即使是已經讀過的人，也一定會覺得本書的要點整理非常有用。

此外，本來對「二十一世紀資本論」沒有興趣的讀者，也能經由本書瞭解到「原來這些理論是這個意思」，而有茅塞頓開之感慨。

針對沒有時間、或是對經濟學沒興趣的人，也能從皮凱提所提出的社會問題及主張，瞭解並得到一些經濟概念。

請笑納目錄頁後所記載網站上的小小禮物

最後，附上其他學者對皮凱提所提出的論點進行批評反論的日譯版，和針對皮凱提的理論爲基礎而製作出的特輯「日本型貧富差距、如何從貧困社會脱困」PDF檔，有興趣的讀者們不妨下載參考。

那麼讓我們來與皮凱提一起，進入貧富差距，以及貧困社會問題的觀察研究。

神樹兵輔

第3章 從各種不同的數據中解開「資本」的型態

第4章 貧富差距會持續擴大嗎？

第5章

皮凱提提出的處方箋以及被批判的論點

特別刊錄

讀者限定！

特別刊錄：兩項豪華特典

PDF 文件（日文）

特刊 1： 為了能深入瞭解「21 世紀資本論」。

皮凱提針對「金融時報」刊登對其批評的回應。（日文）

特刊 2：在皮凱提的案例中學習

針對日本的貧富差距，跳脫出貧困社會的提點。（日文）

PDF 文件可由官網下載，並非寄送實體書籍。

下載點：

http://www.forestpub.co.jp/capital

特刊 PDF 的下載方法，森林出版 搜尋

利用雅虎或是 google 搜尋引擎，搜尋「森林出版」

或是進入森林出版的官網後，在 URL 的後方打入 capital 即可。

Chapter

1

皮凱提為何受到矚目？

01 搖滾巨星般的經濟學者

湯瑪斯．皮凱提（Thomas Piketty），是現今備受全球矚目的法國經濟學家。一九七一年五月七日出生於巴黎郊外的克利希，現任職於巴黎經濟學院。

皮凱提的父母都是左派勞工政治運動的支持者，他曾就讀巴黎高等師範學院。

22歲時，他在倫敦政治經濟學院（LSE）取得經濟學博士學位（博士畢業論文主題為財富再分配，獲頒法國經濟學會該年度的最優秀論文獎）

畢業之後即在美國的麻省理工學院擔任助理教授一職（一九九三～一九九五），並且進入法國國家科學研究中心擔任研究員。二〇〇六年為了設立巴黎經濟學院而四處奔走，後擔任該學院首任主任。但幾個月後，他離開學院成為法國社會黨總統候選人的經濟顧問代表，現已重回巴黎經濟學院擔任教授職務。

皮凱提用了15年的時間，蒐集含括三個世紀的歷史資料做為考證，二〇一三年終於在法國發表了「二十一世紀資本論」這本著作。

這本書大篇幅地論述財富與所得分配不均造成的貧富差距問題。二〇一四年四月在美國出版英譯本後開始備受矚目。儘管是多達七百多頁的經濟理論書籍，仍登上亞馬遜網路書店非小說類排行榜第一名，之後又陸續翻譯成多國語言出版，全球累積銷售量已經突破了一百六十萬本。

「二十一世紀資本論」指出因為資本主義本身的結構，導致貧富差距的矛盾出現。一開始就非常辛辣地點出問題，因此人氣高漲的皮凱提也被視為搖滾巨星般的經濟學家，令人難以忽視。

皮凱提到底何許人也？

如搖滾巨星般的
經濟學者！
資本主義的根本矛盾就在「r>g」！
湯瑪斯・皮凱提
「二十一世紀資本論」
貧富差距的問題應該回到經濟分析的核心。
歷經三個世紀、超過20個國家的參考數據。
過多的數學公式只是充版面，實際上是為了掩飾空泛的內容而已。
「經濟學」這種說法太傲慢讓人厭煩，我比較喜歡使用「政治經濟學」這個名詞。
1971年出生於法國克利希
22歲取得經濟學博士學位
1993年麻省理工學院助理教授
2006年巴黎經濟學院主任，
現為巴黎經濟學院教授。
※「二十一世紀資本論」的英文翻譯為「Capital in the Twenty-First Century」。2013年在法國出版後，2014年4月英譯本上市，同年12月日譯本出版。

02 在美國備受關注的原因？

二〇一四年四月皮凱提的「二十一世紀資本論」在美國發行後，僅半年銷售量就超過了50萬本，躋身暢銷書行列。接著，這股皮凱提熱潮也延伸到法國和日本等國，更大幅增加了總銷售量。這本多達七百多頁的經濟學書籍，為什麼能在美國有如此驚人的銷售成績？

原因之一可能是前諾貝爾經濟學獎得主保羅．克魯曼，以及約瑟夫．史迪格里茲這兩位重量級學者也推薦此書的關係。

歸根究底，二〇一一年美國的「占領華爾街運動（Occupy Wall）」為其主要原因。

隨著經濟全球化的發展財富開始流動，儘管發展中國家的經濟快速成長，提升部分國民的生活水準，但最大的收益仍然由先進國家占據。更別說跨國企業雇用發展中國家的低廉勞工，取代原國家勞動者。甚至，高階主管們的所得占大部分的總收益，而多數員工只能分剩餘收益。於是，美國勞動階層在二〇一一年對這種不平等的待遇發起了「99％的勞工對抗1％高薪資者」的占領華爾街示威遊行活動。

二〇〇七年美國爆發金融風暴，一直持續到二〇〇八年九月雷曼兄弟公司倒閉，這一連串的事件使得全球經濟動盪不安，產生全球金融危機。而金融菁英領到的高額報酬與一般勞工的低薪資，根本就是顯著的貧富差距，這種不公平的待遇一直深深地烙印在美國勞工的記憶中。

歐洲與美國前 10% 富裕階級的所得分配

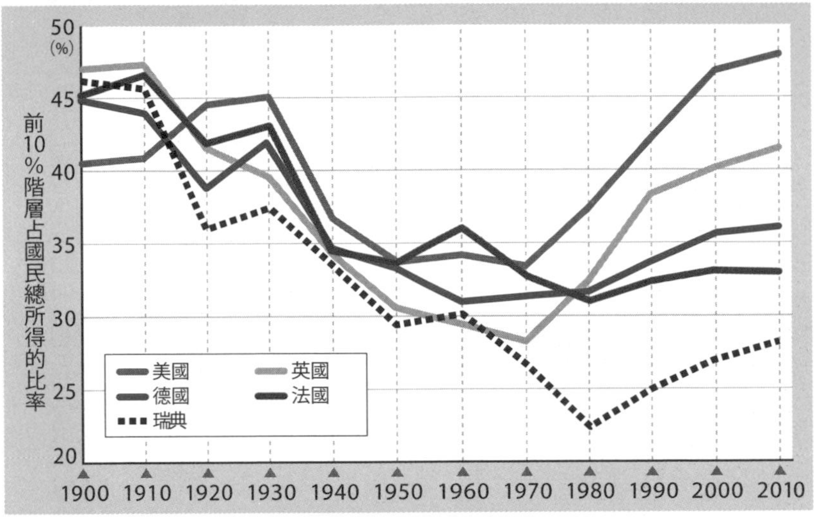
50
(%)
45
40
35
30
25
20
前10%階層占國民總所得的比率
美國
英國
德國
法國
瑞典
1900 1910 1920 1930 1940 1950 1960 1970 1980 1990 2000 2010

※2010 年美國前 10% 富裕階層的所得分配比率接近國民總所得的 50%。

資料來源：http://piketty.pse.ens.fr/capital21c

美國的財富差距（1810 ～ 2010 年）

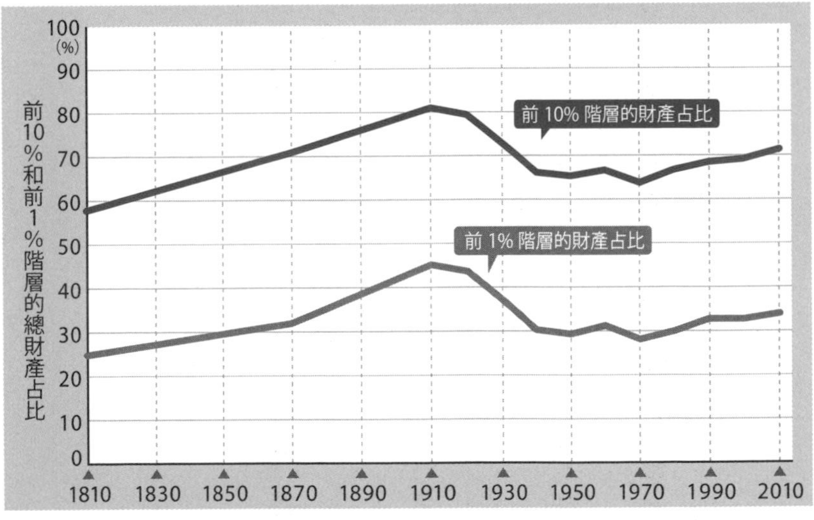
100
(%)
90
80
70
60
50
40
30
20
10
0
前10%和前1%階層的總財產占比
前 10% 階層的財產占比
前 1% 階層的財產占比
1810 1830 1850 1870 1890 1910 1930 1950 1970 1990 2010

※1910 年，美國前 10% 富裕階層的財產分配將近全國財產的 80%，現在則是趨近於 70%。

資料來源：http://piketty.pse.ens.fr/capital21c

03 皮凱提點出哪些經濟問題？

經濟學的定論：隨著資本主義的發展，自然會將集中的財富分配給所有人。

在安倍（日本首相安倍晉三，二〇二〇年因病辭任）經濟學中，就利用降低法人稅來支持企業活動。也有人稱之為涓滴理論（富人的減稅措施，可使財富向下並施惠於窮人，這是安倍為了提升日本跌到谷底的經濟所提出的政策，但此政策遭國會否定）。

俄裔的美國籍經濟學家顧志耐(Simon Smith Kuznets 一九〇一～一九八五)曾提出所得不平等性會隨著經濟成長形成一倒U型曲線(又稱顧志耐曲線)，當經濟水準更為提高時，貧富差距會再度改善縮減。不過，以史迪格里茲（Joseph Eugene Stiglitz）為首的新自由主義經濟學派的學者們則批判涓滴效應對於發展中、或是人口稀少的國家可能有用，但在先進國家則完全不適用。

皮凱提在其著作中提到，分析各國將近三百年歷史資料呈現的結果，完全顛覆了此定論，也就是說「資本主義」從根本就存在著矛盾。

皮凱提表示，放任資本主義自由發展，將會使得貧富差距繼續擴大，若無積極作為的話，此不平等性甚至還可能危及民主體制。

由於各國的領導者多會接受財團的金錢支援，因此往往傾向實行有利財團的政策。

為了守護民主和維持其正常機能，必須將過多的財富課以更高的累進稅。他提倡必須終止財富世襲，且應致力於縮小貧富差距。

什麼是涓滴效應？

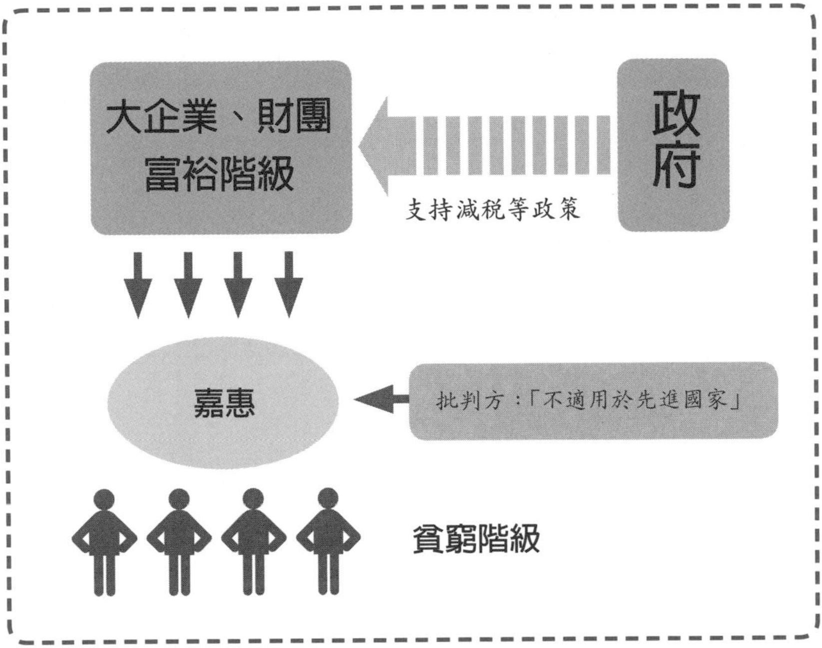

皮凱提指出的問題？

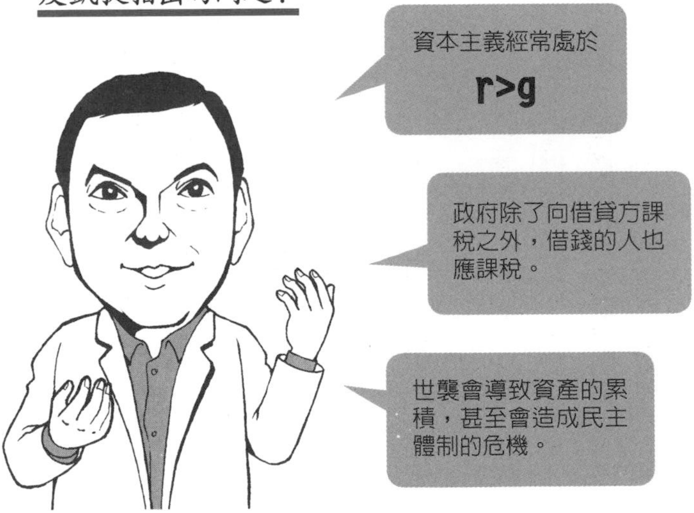

04 資本主義的根本矛盾「r>g」是什麼？

皮凱提指出，資本主義的根本矛盾即在於其不等式「r>g」。其中r代表資本報酬率，而g指的是經濟成長率（GDP）。

在此所說的資本報酬率（r），是指土地、建物與機械設備等實物資本，以及股票和債券等金融資本的報酬率。經濟成長率（g）是指由資本產生的收益與勞動所得之總和。

「r=g」代表資本報酬率與經濟成長率相等，此時國民所得中的勞動所得分配率就會固定。

但是，皮凱提在長期的歷史數據中發現，「r=g」並不存在。常見的情況為「r>g」，這是造成貧富差距漸漸擴大，財富不均等社會現象的警鐘。

這發現同時顛覆了顧志耐的倒U型曲線學說。

顧志耐於一九五五年擔任美國經濟學會會長時期，發表了有名的顧志耐曲線論文。

其分析先進國家與發展中國家的經濟成長和所得分布趨勢，提出了「經濟發展初期雖然會有貧富差距擴大的現象，但隨著經濟提升，差距會漸趨縮小」，不過皮凱提卻否定此論點。

他表示顧志耐曲線論文是根據一九一三～一九四八年的數據推論，但事實上這剛好是一個存在例外的時期。

皮凱提認為因兩次世界大戰、經濟恐慌、物價飆漲，開始實施累進稅率等策略，這段時間是矯正貧富差距的非常時期。若長期觀察，在「r>g」的運作之下，放任經濟自由發展只會使貧富差距更加擴大。

r>g 是什麼？

r

資本報酬率

＞

g

經濟成長率
（ＧＤＰ＝觀察國民所得的指標）

r：人以外的實物資產（土地、建物、機械、原物料、產品等）與金融資產（現金、存款和有價證券等）扣除負債後的年報酬率。

g：國民所得（勞動所得＋資本所得）的年成長率

美國貧富所得差距（1910 ～ 2010 年）

前10%階層占國民所得的比率
50 (%)
45
40
35
30
25
1910
1920
1930
1940
1950
1960
1970
1980
1990
2000
2010

顧志耐理論的參考期間

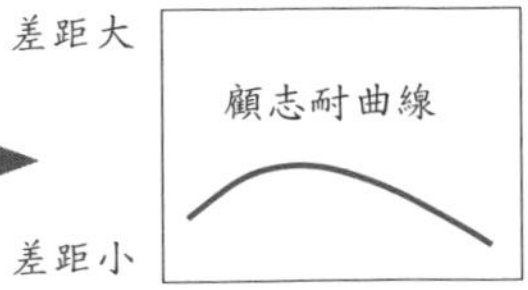

差距大
顧志耐曲線
差距小

※縱軸為各國的吉尼係數，橫軸為一人所占的GDP。

資料來源：http://piketty.pse.ens.fr/capital21c

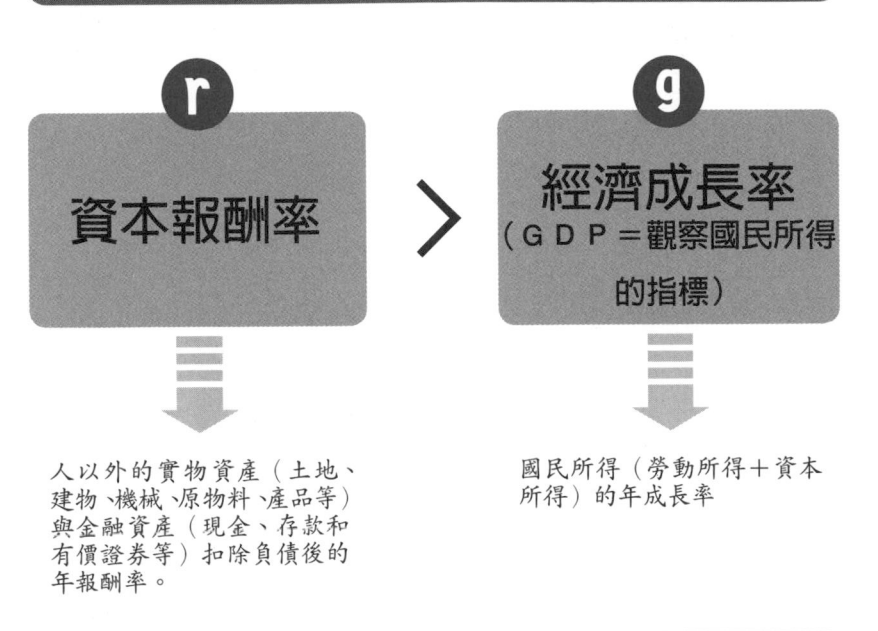

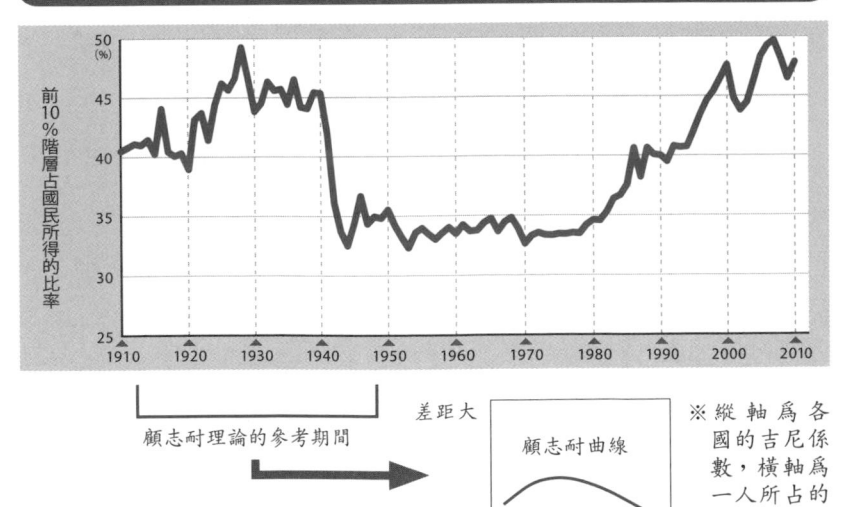

05 由「r>g」所導入的「資本／所得比」是什麼？

皮凱提指出，資本主義會造成常態性「r>g」的現象，投資所得到的報酬率會大於勞動所得，因此使得貧富差距更進一步地擴大。

從皮凱提的數據資料可以看出，資本報酬率大約為4～5％，但實際上先進國家的經濟成長率最多也不過1.5％而已。

假設投資信託的報酬率與住宅租金的年利率平均為5％，所得的成長率為1.5％，那麼勞工的收入幾乎無法增加，但資本家不需工作就有約5％的年收益。如果長期放著不管、任其成長，就會造成更大的貧富差距。

此外，所得為流量，與資本存量的概念不同，因此兩者並沒有辦法結合。

接著由資本存量除以年所得流量後，可得到所得相對應的資本大小。

目前先進國家的「資本存量」，大約為5～6年國民所得的資本，也就是$\beta=6$（或是600％），即為「資本／所得比」。

因此，即可換算出國民所得所占的資本比率（以α表示）。若β等於600％，資本報酬率（r）為5％的話，$r\times\beta$（5％×600％）＝30％，資本所得在國民所得的比率α就會是30％。

也就是在國民所得五百兆元的國家中，則資本存量就會是三千兆元，若r為5％，資本所得會到達一百五十兆元，資本分配率為30％。

β =「資本／所得比」是什麼？

資本為存量，所得為流量，兩者要結合的話則必須透過下列算式：

β = **600%**（相當於 6 年國民所得的資本）

↑ 先進國的平均數

α = r × β = 所得中的資本比率（資本報酬比率）

α（資本所得在國民所得所占的比率） r（資本報酬率） β（資本存量）

α ＝ 30% ＝ r（5%）× β（600%）

假設 GDP 爲 500 兆元的國家所得出的數字。

GDP = 500 兆（國民所得）

β = 3000 兆（資本存量 600%）

r（5%）的話則資本所得為 150 兆元（5% ×3000 兆）

GDP（500 兆）＝ **勞動所得** 350 兆（70%）＋ **資本所得** 150 兆（30%）

06 為何經濟成長率下降會造成貧富差距擴大？

皮凱提認為，資本主義的根本矛盾存在於不等式「r>g」中，國民所得(GDP)成長率愈低則愈會造成貧富差距的擴大。

舉例來說，1年使用一億元投資理財，年資本報酬率為5%的資本家，即使不工作，1年也會有約五百萬元的投資收入。

但同樣年所得三百萬元的勞工，只有1%的所得成長率（在g為1%的情況下），也就是說，1年只能增加約三萬元的收入所得。

1年可得到五百萬元投資收入的資本家，加上其他約一千萬元的勞動所得，合計1年會進帳一千五百萬元。

反觀1年只有三百萬元收入的勞工，即使1年能儲蓄三十萬元或更多，也比不過年所得為一千五百萬元的資本家輕而易舉的儲蓄五百萬元，資本家累積資產的速度如滾雪球般快速。因此，與一般勞工的差異極為明顯。

皮凱提為了得到資本長期累積的情形，提出可表示儲蓄與經濟成長率關係的公式。

儲蓄率（s）除以經濟成長率（g）可得出β（「資本／所得比」）。$\beta = s/g$，這是資本主義的第二基本法則（前項的$\alpha = r \times \beta$為資本主義的第一基本法則）。

假設儲蓄率為12%，而經濟成長率由2%降低為1%，則長期的「資本／所得比」β會由6年的國民所得增加為12年的累積量。

觀察資本長期累積的動態法則是什麼？

$$\beta = \frac{s}{g} = \frac{\text{儲蓄率}}{\text{經濟成長率}}$$

（國民所得的整體成長率）

※ 將每年國民所得的 12% 做爲儲蓄用途，在經濟成長率 2% 的國家裡，長期的「資本／所得比」（β）」則會是 600%。即此國家的資本累積，相當於 6 年的國民所得（但此法則需要花費數十年的時間才會兌現）。

※ 國民所得的總成長率爲每一個人的所得成長率加上人口增加率，因此即使該國的個人所得成長率在相同的情況下，人口增加率低的話 β 的數值會大幅增加。

歐洲與美國的資本推算（1870 ～ 2010 年）

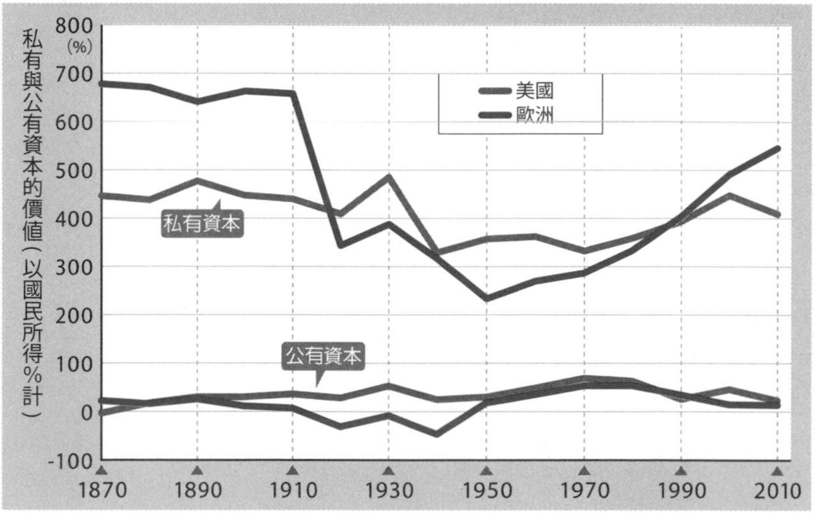

資料來源：http://piketty.pse.ens.fr/capital21c

前項已解釋的公式如下：

$\alpha = r \times \beta$ ＝資本分配率（資本報酬比率）…………資本主義的第一基本法則

本項所解釋的公式如下：

$\beta = \frac{s}{g}$ ＝長期的資本存量…………資本主義的第二基本法則

07 皮凱提所提倡的「理想資本主義」是什麼？

皮凱提分析了許多國家二百年以上的歷史數據資料，其認為如果放任資本主義自由發展不加以約束的話，資本家的資產會更為迅速地累積，而貧富差距也會持續擴大。

相較於所得較低的群體，高所得群體較有受高等教育、及獲得更多教育資源的機會。

而現今社會少子化情況越發嚴重，大量資本又更集中於能繼承財產的少數資本家第二代。

也由於這種資源持續分配不平等的情況，導致擁有龐大資產的繼承人與窮人之間的貧富差距，更是毫無限制地持續擴大。

皮凱提指出，如果就這樣放任不管，不用多久甚至會發展成危及民主體制的狀況。

他提倡人人都應有接受教育的平等機會，而且為了防止M型社會持續擴大，應將資產透明化，同時在繼承鉅額遺產時，必須以更高的累進稅率課稅。

不過，若只有某國家實施這些政策，資本家很有可能將其巨額資產移轉至租稅天堂來避稅。如此一來，稅制政策就會毫無意義。

因此，他提出各國間應簽訂國際協議，使資產透明化、公平化。

不過在現實社會中，想要完成這種協定就如同烏托邦一樣，有實行上的困難，這點皮凱提也十分有自知之明。

皮凱提所提倡的「國際的資本稅」是什麼？

只實行 20 世紀的「社會民主機制」，以及「累進所得稅」是遠遠不夠的！

↓

會使得貧富差距更加擴大……

因此明知不可行，但理想的提案是……

全球都應實行資產透明的「累進資本稅」

銀行資料自動共享

簽訂國際協議

↓

應先由地域性層級開始嘗試實施！

Column 1

※ 探討貧富差距問題，應回歸經濟分析的核心。

※ 放任資本主義會使貧富差距更加擴大，若不有所作爲，甚至可能會危及民主體制。

※ 世襲的資產累積，甚至會導致民主制度的危機。

資本主義的根本矛盾就在「r>g」
即「資本報酬率 > 經濟成長率」

資本主義的第一法則：$\alpha = r \times \beta$
即「資本分配率 = 資本報酬率 × 資本存量」

資本主義的第二法則：$\beta = s/g$
即「資本存量 = 儲蓄率 / 經濟成長率」

Chapter

2

「二十一世紀資本論」到底想傳達什麼？

08 與馬克思的「資本論」有何不同？

吹起這一股皮凱提炫風的「二十一世紀資本論」一書，乍看之下與馬克思一八七六年出版的「資本論」很相似。因此，有許多人認為他的書是依據馬克思的內容著作而成的，但事實上兩本著作內容卻完全不同。

兩者相似之處，大概只有點出資本主義本質為一不平等主義的部分而已。

馬克思所描述的衝擊為當時工業化的現象，造成無產階級的悲慘狀況。人口增加與農業機械化雖然使得生產力提高，但此現象同時也造成鄉村的過剩人口轉移到大都市尋求發展，但卻仍是長時間的勞動只能領取微薄薪水的結果。

馬克思宣稱，即使發生了工業革命以及各種技術的革新，無產階級過度勞動的情形卻依舊沒有改變，長久下去資本主義會漸漸顯露出破綻，最終甚至會演變成共產主義。也就是說，資本主義終究會走向自我毀滅的階段。

皮凱提認為，馬克思有幾項分析確實有意義，但是卻沒有實質的數據支持其論點，使得馬克思主義終究淪為謬論。

皮凱提對「顧志耐僅統計二十世紀初的資料，就得出所得貧富差距最終會縮小的倒U型曲線」這種童話故事般的結論，或是馬克思的資本主義終止說並不以為然。他認為唯有統計長期的數據資料，才有資格談論資本分配。

從「終止論」到「童話故事歡喜大結局」

終止論

馬克思

資產階級的滅亡與共產主義的勝利是不可避免的。

馬克思「共產黨宣言」

童話故事歡喜大結局

顧志耐

經濟發展初期貧富差距雖會擴大，但隨著經濟發展此差距將會逐漸縮小。

顧志耐「經濟成長與貧富差距」

19 世紀的經濟學者們，已經在經濟分析上發現「分配問題」，本應給予讚賞，但結論卻太過於悲觀。
顧志耐曲線是由於當時對抗社會主義冷戰下所產生的社會現象，結論太過於樂觀。
在思考「分配問題」時，必須盡可能地蒐集相關的歷史資料，才能理解過去到現在的時代潮流背景。

09 為什麼經濟成長率會在1%～1.5%之間？

一般認為理想的經濟成長率約在3～4%，但皮凱提認為這是不切實際的幻想。

他研究近三百年的資料，發現再明顯不過的事實是，全球經濟的成長率最多只有1～1.5%。

由此帶入皮凱提所提到資本主義根本矛盾的不等式「r>g」中，可以發現經濟成長率（g）如果持續低迷的話，貧富差距就永遠沒有縮小的一天。

由於先進國家的經濟成長率幾乎都處於低迷的狀態，造成富人財富的累積極為迅速，結果讓貧富差距又拉得更大。

第二次世界大戰後，歐洲與日本的高經濟成長率只不過是將戰爭時期毀損的資本再回復到原本的成長率罷了。

也就是說，這跟發展中國家追趕先進國家的成長率是同一個概念（Catch up）。發展中國家藉著使用先進國家的技術以及知識提升生產力，經濟成長率提高也是理所當然。

中國實施開放政策大開門戶之後，雖然一直有高水準的經濟成長，但近年來成長率也開始呈現停滯的趨勢。再過不久中國無庸置疑地會與先進國家一樣，經濟成長率會逐漸下滑。

皮凱提指出，從這些事實可以借鏡，資本主義的矛盾只有透過政治經濟的修正才能夠化解。

經濟成長率 1～1.5%！

工業革命以來的每人平均產值成長（平均年成長率）

平均年成長率	全世界	歐洲	美洲	非洲	亞洲
0-1700	0.0%	0.0%	0.0%	0.0%	0.0%
1700-2012	0.8%	1.0%	1.1%	0.5%	0.7%
1700-1820	0.1%	0.1%	0.4%	0.0%	0.0%
1820-1913	0.9%	1.0%	1.5%	0.4%	0.2%
1913-2012	1.6%	1.9%	1.5%	1.1%	2.0%
1913-1950	0.9%	0.9%	1.4%	0.9%	0.2%
1950-1970	2.8%	3.8%	1.9%	2.1%	3.5%
1970-1990	1.3%	1.9%	1.6%	0.3%	2.1%
1990-2012	2.1%	1.9%	1.5%	1.4%	3.8%
1950-1980	2.5%	3.4%	2.0%	1.8%	3.2%
1980-2012	1.7%	1.8%	1.3%	0.8%	3.1%

※1910 年開始到 2012 年，世界每人平均產值成長率約爲 1.7%，其中歐洲爲 1.9%，美洲爲 1.6%。

資料來源：http://piketty.pse.ens.fr/capital21c

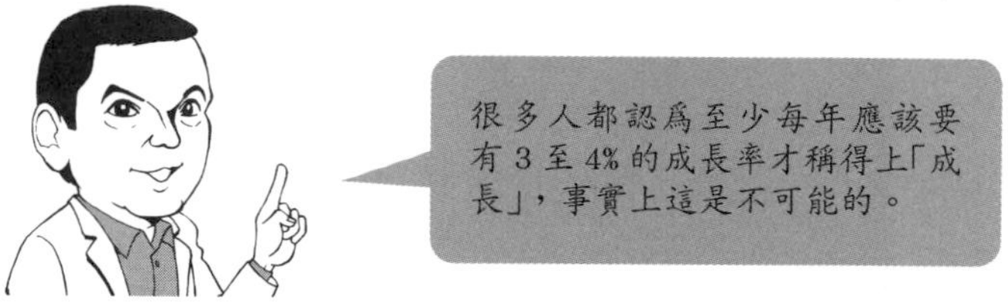
很多人都認爲至少每年應該要有 3 至 4% 的成長率才稱得上「成長」，事實上這是不可能的。

工業革命以來每人的所得成長率

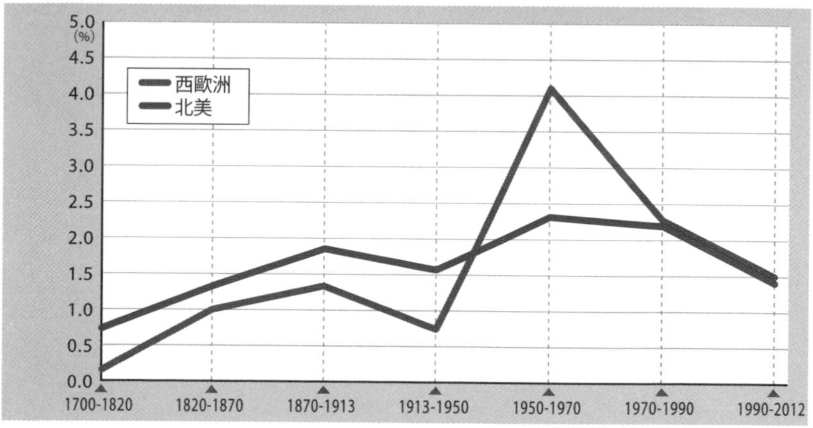
5.0 (%)
4.5
4.0
3.5
3.0
2.5
2.0
1.5
1.0
0.5
0.0
西歐洲
北美
1700-1820
1820-1870
1870-1913
1913-1950
1950-1970
1970-1990
1990-2012

資料來源：http://piketty.pse.ens.fr/capital21c

10 與顧志耐支持者的論點有何不同？

英國與法國的古典經濟學是在十八世紀末到十九世紀初期形成。當時的時代背景為財富集中於極少數的資本家，勞工們被迫過著悲慘的生活。

此時，出現了馬克思以及李嘉圖等古典經濟學派的學者，提出了非常悲觀、甚至終究會走向崩潰的經濟學論點。

事實上，在這之後社會主義發起革命，從資本主義經濟變成計畫經濟的國家也不在少數。但進入二十世紀之後，歷經兩次世界大戰的恐慌期、通貨膨脹、累進稅率等等社會大變動，資本主義社會的狀況已經不同以往。

勞工的薪資開始上揚，產生所謂的中產階級，經濟發展的好處在民間開始有顯著的提升。

顧志耐擔任美國經濟學會會長時所研究而發表的論文，即是使用當時的國民經濟資料為主要參考來源，樂觀地預測資本主義趨勢。

皮凱提在書中明確指出，他基本上使用顧志耐的概念，只是替換成更為長期的經濟數據而完成這本「二十一世紀資本論」。詳細調查後會發現顧志耐發表的論文，其所參考的數據剛好只是貧富差距最小的時期罷了。

根據皮凱提的理論，十八～十九世紀間的「資本／所得比」是6年的國民所得 $\beta=6$（或是600%），但是在一九五〇年代卻減少只剩下2年左右的國民所得，到了一九八〇年代又回升到4倍，二〇一〇年甚至又回到6倍。

利用顧志耐的概念使用長期數據資料的話

貧富差距縮小的原因只是由於某些短期因素造成的

第一次世界大戰（1914 年 7 月 ～ 1918 年 11 月）
世界經濟大恐慌（1929 年 10 月 ～）
第二次世界大戰（1939 年 9 月～ 1945 年 9 月）
通貨膨脹（戰後各國都有類似情況發生）
開始課徵金融資產稅等等

歐洲的資本／所得比（1870 ～ 2010 年）

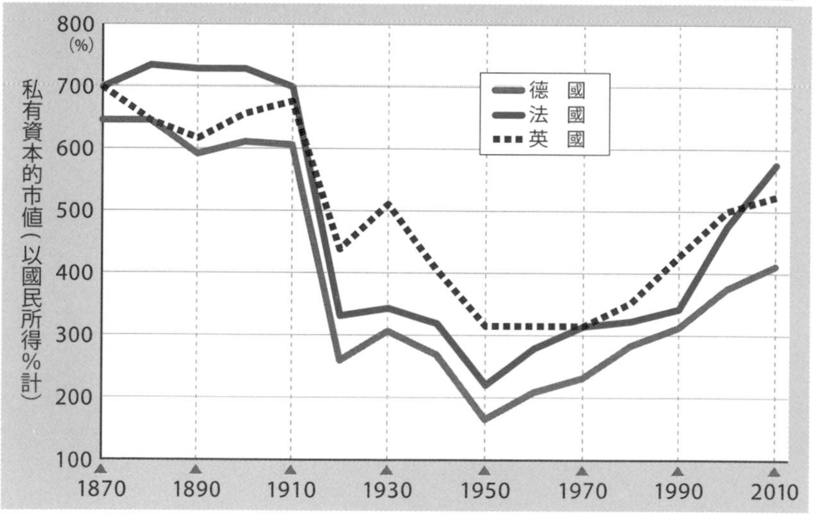

私有資本的市值（以國民所得%計）
(%)
800
700
600
500
400
300
200
100
1870
1890
1910
1930
1950
1970
1990
2010
德　國
法　國
英　國

資料來源：http://piketty.pse.ens.fr/capital21c

曲線有漸漸回彈到以往的趨勢。

11 皮凱提主張的「國際性累進資本稅」是什麼？

皮凱提倡導課徵國際間的「累進資本稅」。此稅是與固定資產稅（針對土地、建物、機械、零件等折舊資產稅）和遺產稅、贈與稅等完全不同的稅制。歷經世界大戰的日本人，應該對大戰結束後美軍占領時實施的資產稅以及富人稅等政策有印象。兩者確實有點類似。

皮凱提所說的資本是扣除人力資本（勞動力、教育訓練等）後，非金融資產和金融資產的總和，再扣掉所有負債後所得到的金額。也可用相當廣泛的純資產的概念來做為比喻。

簡言之，若得出的資產金額仍是相當龐大，每年課以一定的累進稅率的話，則每年大約可得到相當於GDP的2%左右稅收，對於縮短貧富差距有一定的幫助。當然這個前提必須是國際性實施，如果只有單一國家執行，就會有資本家將資產轉移至租稅規避國的情形發生。

各國在特定的協議下才能確保資產透明性（各國的統一稅率、銀行間資料自動共享），因此這是個過於夢幻的提案。

此種稅制是繳完各種稅金之後再進行課稅，因此也有學者認為有重複課稅的疑慮。但事實上，此稅率非常低微且是累進稅制。舉例來說，純資產在一百萬歐元以下的話就不需課稅；一百到五百萬歐元稅率是1%；五百萬歐元則是2%左右。

皮凱提非常嚴厲地批判目前的遺產稅率，甚至主張遺產稅提高到三分之二都不算不合理。

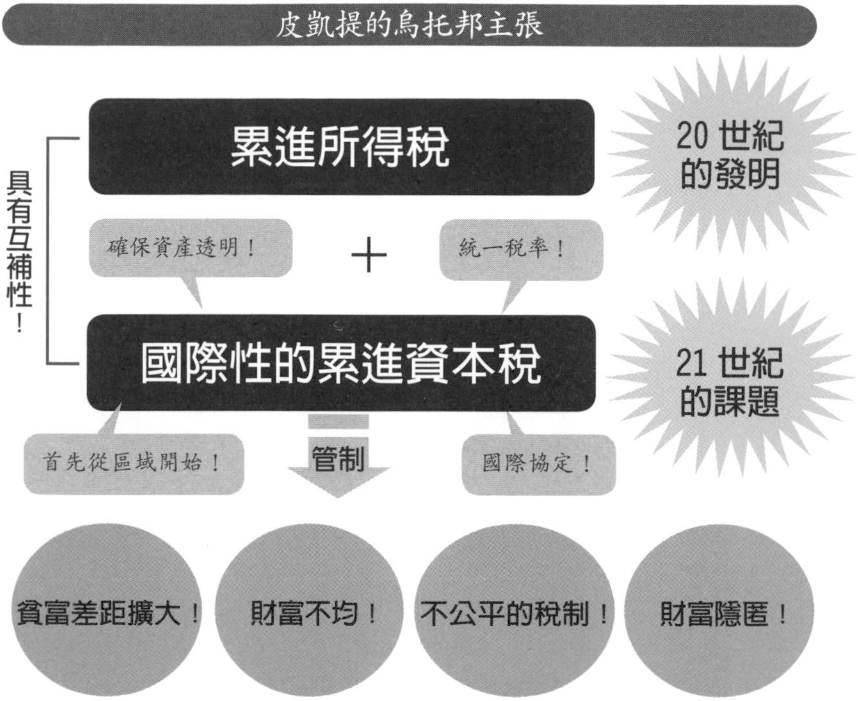
皮凱提的烏托邦主張
累進所得稅
20 世紀的發明
具有互補性！
確保資產透明！
＋
統一稅率！
國際性的累進資本稅
21 世紀的課題
首先從區域開始！
管制
國際協定！
貧富差距擴大！
財富不均！
不公平的稅制！
財富隱匿！

若實施此稅，則可獲得相當於 GDP 2% 的稅收！

金融資產	非金融資產
存款 股票 債券 各種投資等	不動產 機械設備 營業權 專利等

※ 上述資產的市場價值再扣除負債。

資產金額	稅率
500 萬歐元以上	2%
100 萬～ 500 萬歐元	1%
100 萬歐元以下	0%

12 皮凱提使用的數據資料來源？

皮凱提費時15年以上的時間，統整橫跨三個世紀20個國家以上的歷史資料，立基於這些龐大的數據資料才著成「二十一世紀資本論」。

在「二十一世紀資本論」中都有註明這些資料的「來源」，以及「研究的地理及歷史範圍」。根據這些註記來看，真的是運用相當龐大且廣泛的資料。

有關國際間的產出及所得分配，根據安格斯麥迪遜(Angus Maddison)整理出的國民經濟計算資料統計可獲得早至一七〇〇年的國際資料。而二十世紀的資本所得研究，則可從世界各地約30名左右的研究學者共同作業、整理的「世界高所得資料庫(WTID)」中獲得相關資訊。

另外，也多虧了法國大革命。法國在十八世紀後半開始，詳細記載有關土地、建物、金融資產等的財產繼承紀錄，這些也都是研究的重要資料之一。

其他還有像是第一次世界大戰開戰前就導入的各國累進所得稅的資料、所得與貧富差距的進展，以及富裕國家如美國、日本、德國、法國、英國等豐富的高所得資料。

如此一來，書中所提及相關國家的財政、稅收、資本、儲蓄，以及國民所得等珍貴的歷史資料都能夠充分利用與研究。

另外像是歐洲與美國的文學作品中，也都能觀察到當時的物價、所得、社會情勢等生活面向的細節。

皮凱提「二十一世紀資本論」的基礎

耗時 15 年蒐集 20 個國家以上，跨越 3 個世紀的龐大史實資料。

- 國民經濟計算
- 課稅紀錄
- 繼承遺產
- 各國統計資料
- 稅制資料
- 歷史資料
- 薪資所得紀錄
- 各種研究論文

等等龐大數據資料！

電腦處理更有效率！

如有缺漏則使用科學計算推測！

↓

資料庫的建立！

WTID

（世界高所得資料庫）

※ 網路上公開的資料庫

19 世紀以後的小說！

例如巴爾札克「高老頭」、左拉「萌芽」、狄更斯的「孤雛淚」、雨果的「悲慘世界」、珍・奧斯汀的「理性與感性」、大仲馬的「基督山恩仇記」、瑪格麗特的「飄」，以及亨利・詹姆斯等文學家的著作。

電影與電視的記述也是資料來源之一。特別是 19 世紀的小說中，針對不同的社會階級，特別是相對富裕階層的生活水準有非常詳細的描述。

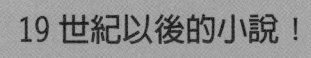

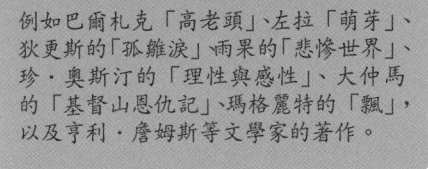

⑬ 皮凱提所主張的「r>g」是事實嗎？

皮凱提在「二十一世紀資本論」中提到，資本主義的根本矛盾建立於「r>g」不等式。

此外，皮凱提所論述的「資本」，是一個扣除人力資本下「純資產」的廣義概念。

雖然絕大多數學者認為資本報酬率的平均值約為4～5%，但即使以歷史資料加以驗證，還是得不到明確的證據顯示4～5%是常態數據。

因此，新古典學派的經濟學者當中，也不乏對此提出疑問的人。

資本與分配的關係中有所謂的「邊際效用遞減法則」，也就是當勞動力到達一定程度時，再追加一個單位資本所能增加的生產量會呈現遞減的結果。假設有5名勞工的工廠，增加1台設備(資本)時，則生產量會大增。

但是如果相同數量勞工的工廠內，再追加2台甚至3台設備時，單位生產量並不會相對增加，反而會開始減少。

這就是資本報酬率（r）越變越低的意思。

這完全無法證明「r>g」。

對此皮凱提舉出了反例，也就是所謂的「替代彈性無上限的情況」。例如在設備完全自動化的情況下（完全自動生產），資本報酬率就會固定，資本越多，生產力不管何時都會相對增加。

「r>g」是歷史上的事實

全球年度資本報酬率 (r) 與成長率 (g) 的歷史資料

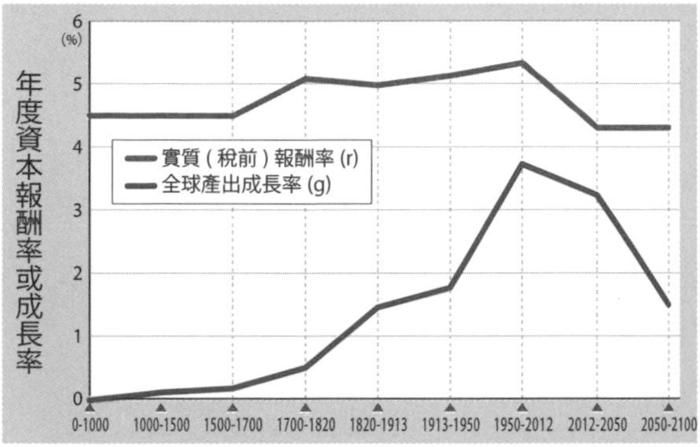

資料來源：http://piketty.pse.ens.fr/capital21c

邊際效用遞減法則

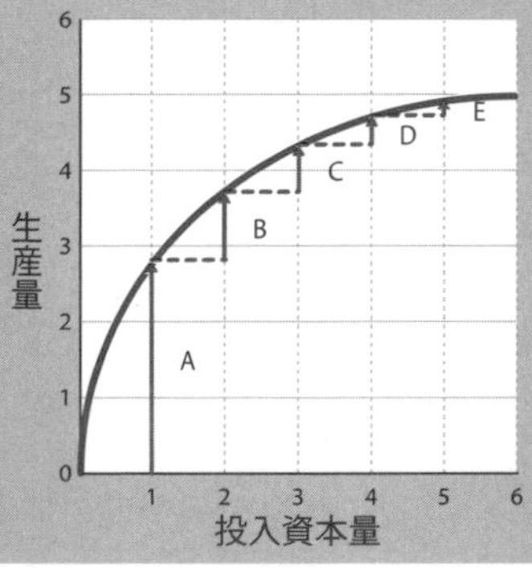

勞動力固定的條件下，增加一單位的資本則單位生產量會以ABCDE的順序遞減，這是假設在實物生產的情況。

資本與勞工的替代彈性

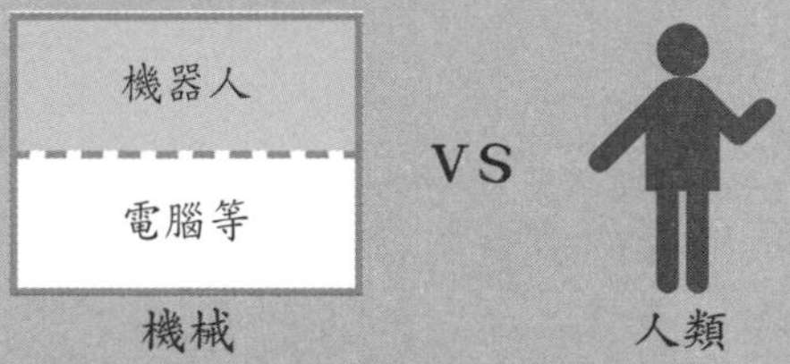

機器人代替人類擔任生產工具時，則資本追加投入後，生產量也不會呈現遞減的狀態。

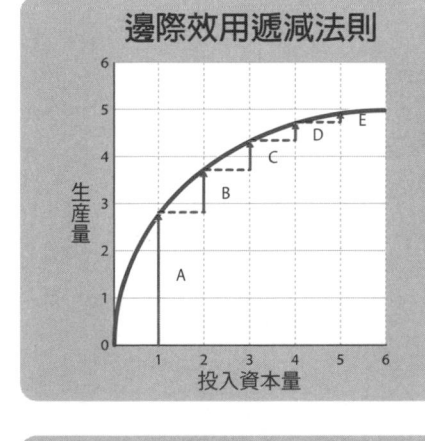

14 皮凱提「二十一世紀資本論」中劃時代的論點？

皮凱提在「二十一世紀資本論」的引論中曾提到：「經濟學家往往只在自己有興趣的領域，鑽研一些無關緊要的數學公式。這種數學偏執狂的做法，只是讓一般人認為好像很專業的取巧手段而已。而且這些手段對我們的實際生活所面臨的問題，根本沒有提出任何解決方案。」因此對於現代經濟學的研究方法，他也提出不少批判。

皮凱提求學時專攻數學，但在經濟學上卻徹底放棄使用數學公式來研究。

這是因為發現過於著墨數學對經濟學的研究會產生影響，並確信「經濟學有所進展，必須結合其他社會科學一起研究才行」，貧富不均的問題也應回歸到經濟分析的本質才是。

因此他才會重新研究起在十九世紀經濟學者所提起的「分配問題」。

蒐集橫跨三個世紀的歷史、社會學等資料，面對真正的「貧富差距」、「分配不均」等問題，提出「經濟發展並不會使貧富差距縮小，反而會持續擴大，甚至會回到如十八世紀的貧富懸殊」這樣的警言。

一九七〇年以後，幾乎已經忽略貧富差距和財富分配問題的經濟學界，皮凱提對此無疑地又再打響了一次警鐘。

皮凱提的劃時代研究

「19世紀經濟學者們的經濟終止論」（皮凱提）

馬爾薩斯
（1766~1834年）

如果不抑制人口成長，就會出現糧食不足的問題，低所得階級應禁止繁衍後代。

李嘉圖
（1772~1823年）

在農地價值不斷上升的情況下，地租的上漲只會使地主更富裕，而其他人民則會陷入貧困。應課取地租稅。

馬克思
（1818~1883年）

工廠勞工的生活是悲慘的，財富集中於少數資本家，資本主義破滅已迫在眉睫。

※1879年法國大革命前的數十年間，農業的勞務所得已經呈現停滯狀態，只有租金呈現上漲。另一方面貧富的差距在持續擴大。工業革命爆發後，鄉下人口不斷地進入大城市造成人口增加爲其背景。

如同當時提出的「貧富不均」問題應回到經濟分析的核心面一樣，現今更是應該關心「財富分配不均」的時代！
19世紀的經濟學者們提出了錯誤的結論！

15 十八～十九世紀的貧富差距與現今的差異？

二十世紀前半大概是一個貧富差距最小的特殊時期。這是因為經歷過二次世界大戰、經濟恐慌以及通貨膨脹、累進稅率等事件後，富裕階級的資產也遭到破壞的關係。

在這之後，大約一九七〇年左右，貧富差距又開始擴大。不過實際上，這時的財富分配不均跟十八～十九世紀的情形在本質上完全不同。

法國在黃金時代（約十九世紀末到一九一四年第一次世界大戰爆發前，都市的經濟、文化活動極為繁榮，上流社會稱之為「黃金時代」）貧富差距大幅縮小。這是由於貴族與地主等所謂的坐享其成者減少的關係，因此資本所得也隨之崩解。

而公共政策也隨著重建以改善戰爭的破壞、大恐慌與破產的情況而形成。例如：房租統一、國有化、通貨膨脹造成的國家債務抵消、一九一四年導入所得稅和累進遺產稅的擴大實施等政策。

在這時期之後的法國，從原本的「坐享其成者社會」變成了由能力及技術決定勞務所得的「人才社會」。與低薪的無產勞動階級相比，增加了許多擁有資本的中產階級。不過皮凱提指出，這些人才並非都依照其能力高低而得到應有的報酬。這只是因為只要成為經營管理幹部，就能夠增加高額報酬的緣故。

特別顯著的例子就是美國。超級經理人得到超高額報酬，接著將其資產化，變得越來越富有，因此貧富差距也隨之擴大。

美國前 10% 階層的所得結構（1910 ～ 2010 年）

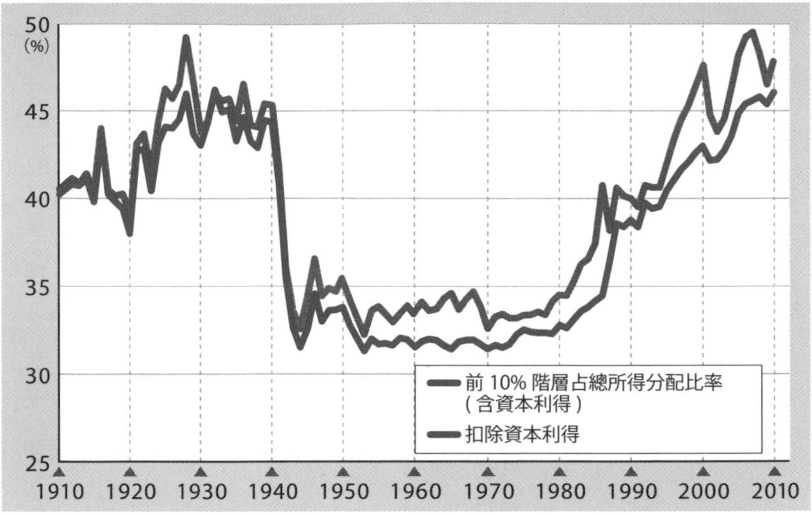
50
(%)
45
40
35
30
25
1910
1920
1930
1940
1950
1960
1970
1980
1990
2000
2010
前 10% 階層占總所得分配比率
（含資本利得）
扣除資本利得

資料來源：http://piketty.pse.ens.fr/capital21c

美國前 3% 階層的所得比率（家庭收支）

（2014 年 9 月 FRB 的調查）

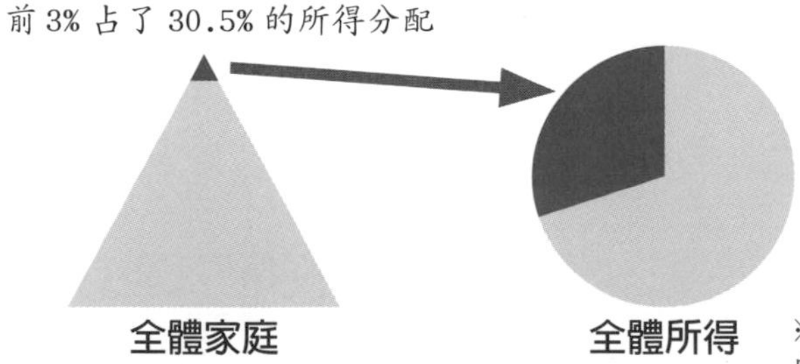
前 3% 占了 30.5% 的所得分配
全體家庭
全體所得

※ 其餘 90% 的家庭爲中低階級。

美國家庭淨資產前 3% 階層的資產占比

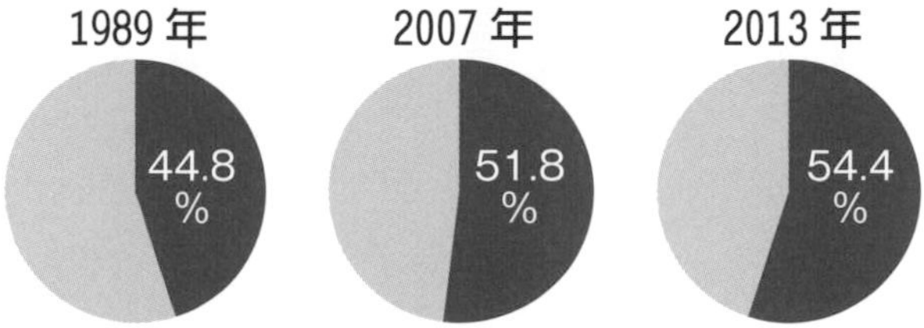
1989 年
44.8
%
2007 年
51.8
%
2013 年
54.4
%

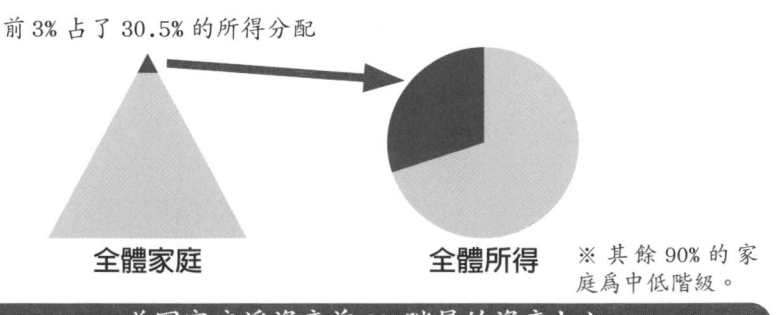

16 財富與所得的階層分布──富裕階級所擁有的財產是什麼？

皮凱提為了方便反映特定的立場，因此將資產為前10%的人列為「上級階層」、中間40%左右的是「中級階層」、最後的50%則是「下級階層」。

雖然看起來40%的中級階層位於中間地帶，但實際上他們的所得也是超過平均值，屬於偏上級階層的分類。不過皮凱提指出，這是他比較各國的數據後，刻意分類出來的結果。

另外，再使用上級的0.1%、1%，以及9%區分所得階層、資產分配等比較分析。

來看看大致內容是什麼吧！

皮凱提希望我們能夠注意到所得與財富的階層是不一樣的概念。

也就是說，勞動所得、資本所得以及總所得（勞動與資本的總和）是各別決定的。

從前是所得與擁有財產呈現負相關（富人並不需要工作，因此勞動所得為最低）。

在歐洲各國（英國、德國、法國、義大利等）前10%的富裕階層，大約擁有國家財富的60%，而實際上占有國家人口50%的下級階層，卻只擁有國家財富的5%，甚至更低（法國只有4%）。

更令人感興趣的是，前10%上級階層持有的平均財產中，不動產大約占了總財產一半以上，但再觀察更上層的前1%階層，擁有不動產的比例卻急速下降，絕大部分的財產都是股票。

真正的富裕也就是所謂擁有金融、或是事業資產為主要收入來源的一種情形。

不同時空觀察到的勞動所得差異

各階層占總勞動所得的比率	貧富差距低（約 1970-80 年的北歐半島）	貧富差距中等（約 2010 年的歐洲）	貧富差距大（約 2010 年的美國）	貧富差距極大（約 2030 年的美國？）
前 10%（上級階層）	20%	25%	35%	45%
前 1%（主導階層）	5%	7%	12%	17%
其餘 9%（富裕階層）	15%	18%	23%	28%
中間 40%（中級階層）	45%	45%	40%	35%
後段 50%（下級階層）	35%	30%	25%	20%
相對應的吉尼係數（總結貧富差距的指數）	0.19	0.26	0.36	0.46

不同時空觀察到的資本所得差異

各階層占總資本的比率	貧富差距低（尚未出現）	貧富差距中等（約 1970-80 年的北歐半島）	貧富差距中上（約 2010 年的歐洲）	貧富差距大（約 2010 年的美國）	貧富差距極大（約 1910 年的歐洲）
前 10%（上級階層）	30%	50%	60%	70%	90%
前 1%（主導階層）	10%	20%	25%	35%	50%
其餘 9%（富裕階層）	20%	30%	35%	35%	40%
中間 40%（中級階層）	45%	40%	35%	25%	5%
後段 50%（下級階層）	25%	10%	5%	5%	5%
相對應的吉尼係數（總結貧富差距的指數）	0.33	0.58	0.67	0.73	0.85

不同時空觀察到的總所得差異

各階層占總所得（勞動＋資本）的比率	貧富差距低（1970-80 年的北歐）	貧富差距中等（約 2010 年的歐洲）	貧富差距大（約 2010 年的美國與 1910 年的歐洲）	貧富差距極大（約 2030 年的美國？）
前 10%（上級階層）	25%	35%	50%	60%
前 1%（主導階層）	7%	10%	20%	25%
其餘 9%（富裕階層）	18%	25%	30%	35%
中間 40%（中級階層）	45%	40%	30%	25%
後段 50%（下級階層）	30%	25%	20%	15%
相對應的吉尼係數（總結貧富差距的指數）	0.26	0.36	0.49	0.58

資料來源：http://piketty.pse.ens.fr/capital21c

17 美國超級經理人登場

美國出現所謂的超級經理人，也就是領取高額報酬薪資的企業管理者，在一九八〇年代以後更是開始大幅增加。

同為安格魯薩克遜種族的英國、加拿大、澳洲等國家也有相同的情況出現，但都沒有像美國那麼顯著的情形出現而已。

歷史上，美國的貧富差距並不曾像歐洲差距如此懸殊。皮凱提指出一九〇〇～一九一〇年，美國的貧富差距比歐洲來得小。但一九五〇～六〇年代，貧富不均開始稍微超越歐洲，到了二〇〇〇～二〇一〇年，貧富差距變得非常大。

在美國，前1%的富裕階層（二〇一一年所得超過三十五萬二千美元者）財富分配占了全國總所得的20%（法國與日本約占9%）。

美國的超級經理人領取超高報酬薪資，除了符合邊際效用法則之外，就技術與教育的競爭性理論來說，並無法合理解釋這種現象的原因。

皮凱提認為經營者薪資大幅提升應該被限制在營業額及利潤增加的前提下，也就是應該捨棄「月薪制」。

英國與美國，一直以來都是非常支持累進課稅制的國家。但這兩個國家的最高所得稅率在一九三〇～八〇年是80～90%，但到了一九八〇～二〇一〇年卻降低至30～40%。

超級經理人應該是在稅率變動的情形下，才有增加報酬的動機。

美國與歐洲的前 10% 階層占總所得的比率

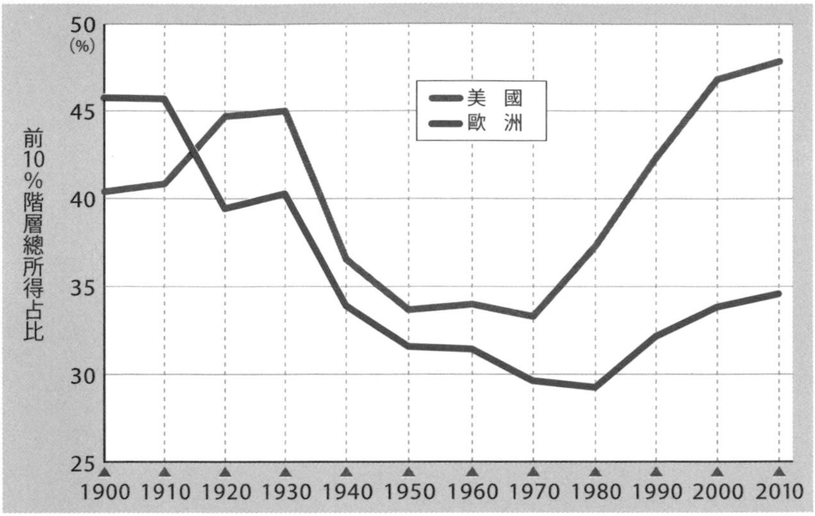

最高所得稅率的長期演變

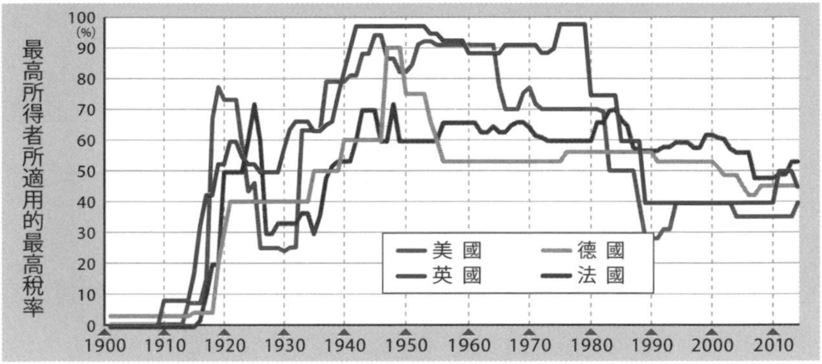

資料來源：http://piketty.pse.ens.fr/capital21c

18 隱藏的財富─富裕國家不應呈現赤字？

皮凱提認為全球各國財富資產持有的狀況非常耐人尋味。

一國的經營收支如果有盈餘的話，代表一定有另一國是屬於赤字，加起來的總和才會等於零。

但皮凱提發現，實際從資料數據上看來，全球的財富現象只有少數符合前述，這顯示有許多資產隱藏在「避稅港」。

例如，日本與德國數十年來的貿易都是順差，相較全球也經常都是收支有可觀盈餘的狀況。

這兩個國家的家庭、企業、政府所擁有的國外資產價值，更是遙遙領先其他國家。

美國的淨資產一直都是負值，歐洲各國除了德國以外，淨資產即使不是赤字，也都趨近於零。

導致富裕國家與貧窮國家的資產相加後呈現負數。二〇一〇年的全球GDP為−4％（作者註：順便一提IMF統計的數值為70兆美元），約為全球總資產的1％。與一九八〇年代的全球總資產相比，幾乎是零成長。

皮凱提甚至笑稱：看來地球資產被火星人占據了。

也就是說，租稅迴避國的銀行未將資金上報於國際機關才會呈現零成長，甚至是負成長的現象（銀行有告知義務）。

這也明確顯示出在二十一世紀前半，資本主義全球化後，資產的追蹤控管也變得相當困難。

富裕國家持有的國外淨資產

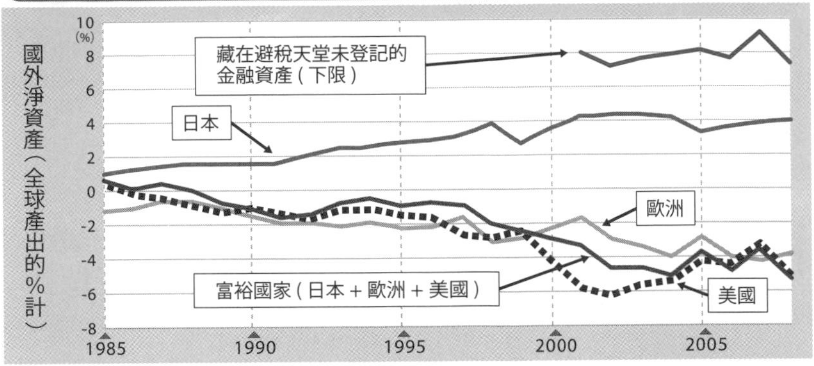

國外淨資產（全球產出的%計）
10
(%)
8
6
4
2
0
-2
-4
-6
-8
1985
1990
1995
2000
2005
藏在避稅天堂未登記的金融資產（下限）
日本
歐洲
富裕國家（日本＋歐洲＋美國）
美國

資料來源：http://piketty.pse.ens.fr/capital21c

透過此圖表可清楚知道，富裕國家與其他地區加總起來的淨資產，實際上應該爲正值。

避稅天堂是什麼？

洗錢（Money Laundering）過程

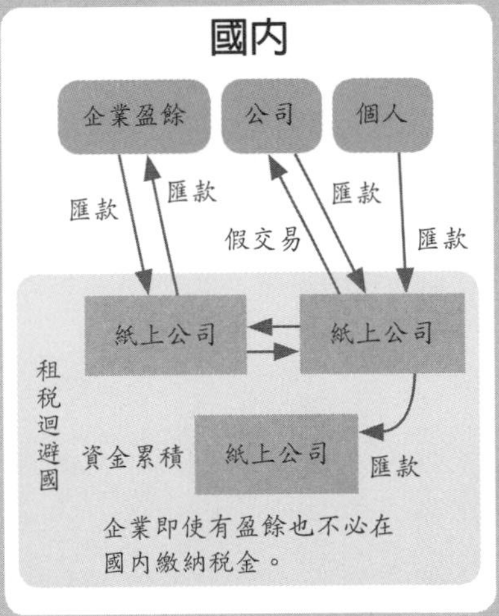

國內
企業盈餘
公司
個人
匯款
匯款
假交易
匯款
匯款
紙上公司
紙上公司
租稅迴避國
資金累積
紙上公司
匯款
企業即使有盈餘也不必在國內繳納稅金。

避稅港（Tax Haven）指的是租稅迴避國，即所得稅率很低，或根本不需繳稅的地方或國家，又稱爲「境外金融中心」，或境外金融。例如：英屬開曼群島、百慕達群島、英屬維京群島等均爲有名的租稅迴避地。以個人或企業的名義在當地開設戶頭，幾乎不需要繳納任何稅金即可匯入收益，這是用來逃避國內的稅金或搜查的手段之一。即使是觀光客，只需繳交手續費就可開戶。由於國內與國外的稅務當局無法連線的關係，因此針對此現象幾乎無法提出有效的對策。

19 全球也會隨著經濟成長一起變得富裕？

經濟成長的結果是全球所得上升，財富也跟著增加。如果身處先進國家應該能夠感受到，與過去相比，食衣住行的品質都有所提升。

但事實上可以看出，在中國或印度這些人口眾多的國家，即使GDP大幅躍進，貧窮人數卻始終沒有減少。

皮凱提並不特別重視吉尼係數，但是各國的「吉尼係數（愈接近1則代表貧富差距愈大，先進國家多數都在0.25～0.35左右）」都呈現上升的態樣。「絕對貧窮率（世界銀行針對各國平均購買力等價換算後，每日收入1.25美元以下稱為絕對貧窮）」，在二〇〇八年全世界約70億人口中，有14億人屬於絕對貧窮。現在更有增加的趨勢。

在先進國家則使用所謂的「相對貧窮率」。根據經濟合作暨發展組織（OECD）的資料顯示，相對貧窮率也在上升中。

這些例子告訴我們，近年來財富集中於少數的富裕階層，而大多數人的所得，都是朝低於平均的發展趨勢居多。這正是皮凱提所指的，貧窮階層和貧富差距都逐漸擴大。

全球的經濟成長率會隨著發展中國家轉變成已開發國家後逐漸下降，而呈現穩定低迷的狀態。

如同先進國家的g值越接近零成長時，皮凱提所主張的「r>g」的不等式就會慢慢浮現。「二十一世紀資本論」指出這個問題，也提到致力縮小貧富差距為當代各國的主要課題。

「相對貧窮率」是什麼？

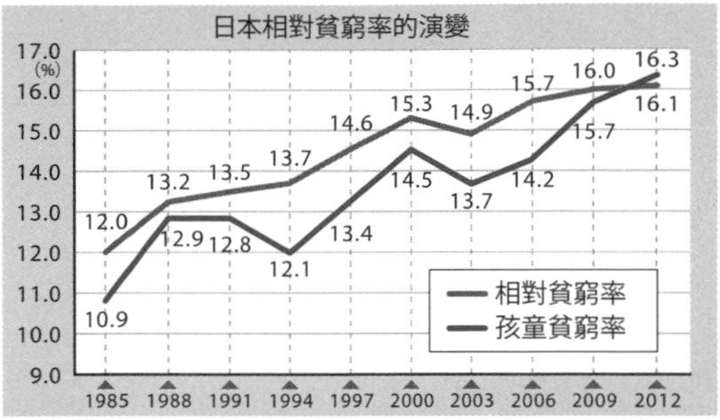

日本相對貧窮率的演變
17.0
(%)
16.0
15.0
14.0
13.0
12.0
11.0
10.0
9.0
1985
1988
1991
1994
1997
2000
2003
2006
2009
2012
12.0
13.2
13.5
13.7
14.6
15.3
14.9
15.7
16.0
16.1
10.9
12.9
12.8
12.1
13.4
14.5
13.7
14.2
15.7
16.3
相對貧窮率
孩童貧窮率

（日本社會勞工局調查）

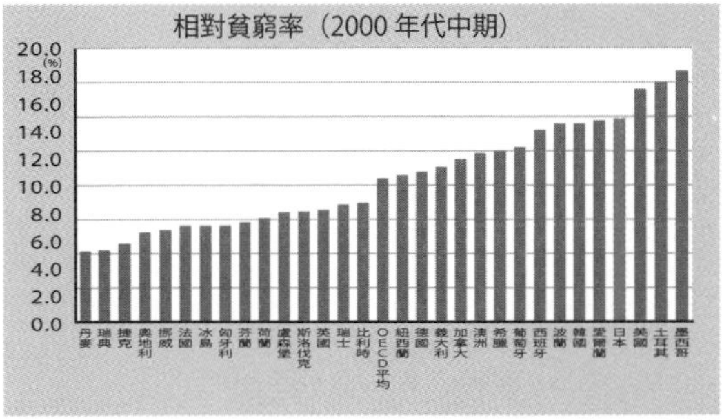

相對貧窮率（2000 年代中期）
20.0
(%)
18.0
16.0
14.0
12.0
10.0
8.0
6.0
4.0
2.0
0.0
丹麥
瑞典
捷克
奧地利
挪威
法國
冰島
匈牙利
芬蘭
荷蘭
盧森堡
斯洛伐克
英國
瑞士
比利時
OECD平均
紐西蘭
德國
義大利
加拿大
澳洲
希臘
葡萄牙
西班牙
波蘭
韓國
愛爾蘭
日本
美國
土耳其
墨西哥

（OECD 統計）

經濟合作暨發展組織 (OECD) 所定義的「相對貧窮率」，是指國民可支配相對所得不到全國收入中位數一半 (50%) 的人口比例。

可支配相對所得是指可支配所得（扣掉稅金、社會保險等的所得）除以家庭人數的平方根，爲每人相對應的生活水準。可支配所得如果一人 400 萬日圓的話則不貧窮。但四人生活若不到 200 萬日圓會覺得痛苦。日本在 2012 年的中位數是 122 萬日圓，沒有到達此水準的家庭有 16.1%，依人口來換算的話，六人中有一人處於貧窮階級。

什麼是「吉尼係數」？

2011 年主要國的吉尼係數（再分配所得）	
丹麥	0.252
法國	0.293
德國	0.295
日本	0.329
義大利	0.337
英國	0.345
美國	0.378
中國	0.6

（OECD 統計）

※ 中國的官方係數爲 0.474

是義大利的統計學者吉尼，以測量所得分配不均的羅倫茲曲線做爲基礎所發明的係數。

吉尼係數是將支付如稅金及社會保險金前的稅前所得扣除掉這些稅金後，再加上社會保障則成爲「再分配所得」。日本「稅前所得」的吉尼係數有上升的趨勢，但是「再分配所得」卻幾乎沒有變化。越接近 1，貧富差距就越大，超過 0.4 的話則是會引起暴動的程度。事實上，在中國一年就約有十幾萬起的暴動發生。

20 引用巴爾札克「高老頭」中的實例

皮凱提引用十八～十九世紀的古典文學，這些作品將當時的社會背景、坐享其成的富裕階層，以及貧窮階級的生活描寫得栩栩如生。

十九世紀初英國文學家珍．奧斯汀的許多長篇小說裡，都有提到由於十八世紀經濟成長較為緩慢的緣故，所得也呈現為緩慢上升。

當時的平均年所得約為三十英鎊，十八世紀前半到後半幾乎沒有改變，如果想要使用最低限度的僕役，並過著優雅舒適的生活，則年收入至少要有五百～一千英鎊左右才行。

此外，法國在十九世紀前半平均所得幾乎與英國不相上下，年收入約為四百～五百法郎。如果想要有得體的生活，所得就必須增加近20～30倍以上才有可能。皮凱提參考巴爾札克「高老頭」內容得出上述的數據。

當時的社會風氣普遍認為，靠努力工作獲取低報酬，遠遠比不上直接和上流社會結婚或繼承遺產來得有效率。到第一次世界大戰前，由於通貨膨脹率很低(經濟成長緩慢)的關係，貧窮階級的人對金錢的強烈渴望與執著是可以想像的。

二十世紀，因為戰爭導致嚴重的通貨膨脹，財富的概念由十九世紀的農地或國債，轉變而成為住宅、土地、建物、工業資產、股票，以及債券等金融物件。

對於擁有穩定資本的渴望和重要性，不管在哪個時代都深深影響普羅大眾。

引用古典文學

珍・奧斯汀
（1775 ～ 1817 年）

出生於英國的罕布夏郡，父親爲一名牧師。作品大多爲描寫英國 18、19 世紀的田園生活、中產階級婦女的私生活與結婚議題等的長篇諷刺小說。眞實地描繪當時的階級制度，也有人稱之爲心理寫實主義的先驅。在她 20 歲左右法國大革命爆發，不過其作品中並沒有對此多著墨；後因病去世，享年 42 歲。代表作品如「理性與感性」、「傲慢與偏見」等。

巴爾札克
（1799 ～ 1850 年）

法國 19 世紀代表文學家，出生於托爾城的中產階級家庭。由於不被母親重視喜愛，童年生活相當孤獨。成年後，在巴黎的法律事務所工作，30 歲才用眞名發表自己的作品。著作多描述執著於金錢與權力的人物與好人間的強烈對比，對於社會問題有敏銳的觀察力。51 歲時帶著龐大債務病逝。他的代表作品如「高老頭」、「幽谷百合」等等。

文學作品將英國與法國的財富頂端階級做了完美的詮釋。
從那時開始，資本是最基本的創業條件，風險自然也不小。但如果累積到一定程度，就能夠轉換成比較穩定的資本（例如土地或國債）。在當時，資本就有一點租賃（租金與使用費）的意思。

Column 2

※ 思考分配不均的問題時，必須盡可能蒐集歷史資料，才能理解從過去到現代的趨勢演變。

※ 皮凱提統整近三百年的資料發現，全球經濟的成長率最多只有1～1.5％。

※ 皮凱提所論述的「資本」，是一個扣除人力資本下「純資產」的廣義概念。

※ 資本與分配的關係，有「邊際效用遞減法則」之現象。

※ 皮凱提指出「經濟成長率提升並無法使貧富差距縮小，反而會持續擴大，甚至會回復到如十八世紀的貧富懸殊」這樣的警言。

※ 所得階級和財富階級是兩種不同的概念。

Chapter

3

從各種不同的數據中解開「資本」的型態

21 所得與產出—怎樣才算理想分配？

藉由生產獲得的收入（產出），應該怎麼分配勞動與資本所得？這是從過去到現在都待解決的問題。

傳統社會中，就曾經發生許多地主與農民因所得分配問題而引起的衝突。

工業革命以後，工廠所有者與勞工之間的所得分配也一樣引起許多社會問題。

皮凱提認為：假使將資本所有權平均分配，每位勞工取得自己應得的薪水，企業也能得到相同比率利潤的話，企業收益就是扣除利潤與薪水的部分。如此一來，分配就不再會是大問題了。

但現實卻不是如此。

問題就在於資本與勞動間的不平等就是引起這些衝突的最大原因。

到底什麼是公平？什麼又是不公平？與共有概念的思考方式相衝突的時候，甚至會演變成肢體暴力甚至導致革命與戰爭的發生。

勞工通常都不能接受資本家取得總產出的四分之一，甚至一半以上的利潤。

如果這名資本家的財富是繼承父母親的遺產而來的話，那麼衝突就更容易擴大。

不過，將全部的產出都做為薪資分給勞工，那麼企業也就沒有多餘的利潤投資新設備或開發新產品，企業失去競爭力對勞工並沒有好處。

所以，資本所得應該被視為創業者的勞動報酬。而資本與勞動之間如何達到最適切的利潤分配，實在是非常難以解決的。

理想的分配是什麼呢？

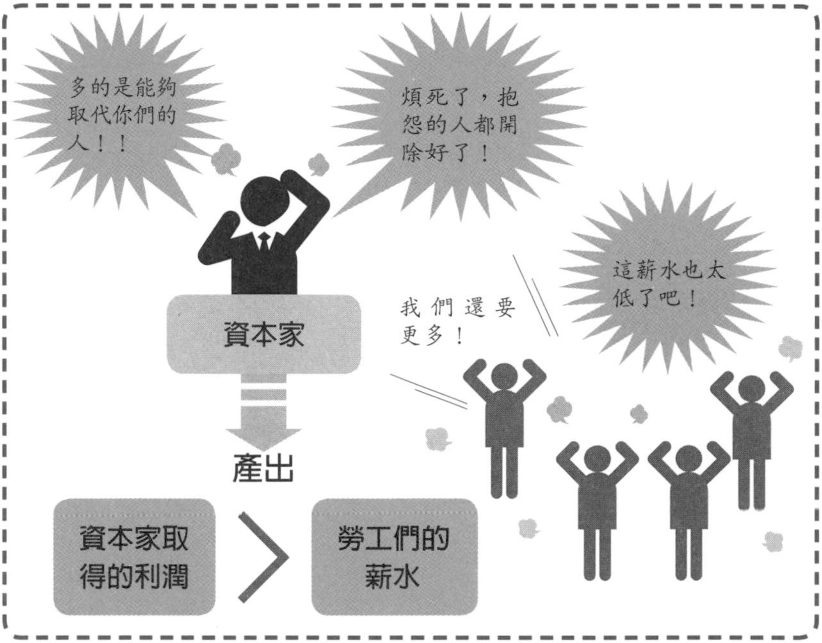
多的是能夠取代你們的人！！
煩死了，抱怨的人都開除好了！
這薪水也太低了吧！
我們還要更多！
資本家
產出
資本家取得的利潤
＞
勞工們的薪水

從生產獲得的產出中，應有多少的比率用於勞工薪水，又有多少應做爲企業利潤？這些都是分配問題的核心重點！
由於生產資本變得更集約，工業革命也使得勞資雙方間的紛爭更激烈。

22 歷史資料統計出「資本」與「勞動」的分配並不穩定？

十八世紀以來，經濟學界普遍認為勞動與資本的份額「長期以來是穩定的」。「大約是勞方獲得約三分之二，資方獲得三分之一的比例。」

不過，如果把時間拉得更久遠一點，並加入新的資料來看的話，勞動與資本的份額似乎就不是這麼單純了。十九世紀前半，資本份額大幅提升，但在後半卻有下降的趨勢。之後也呈現持平，沒有太大的變化。

在一九一四～一九五四年間的經濟混亂期後，資本份額跌至歷史最低點。這40年經歷了一九一四年爆發的第一次世界大戰（到一九一八年），一九一七年的蘇俄大革命，一九二九年全球經濟大恐慌，一九三九年的第二次世界大戰（到一九四五年）。

這段期間也出現了許多新的規範和稅制、資本統一制度等政策導致資本份額下降，實際上卻是幫助資本重新建立規則。資本份額大幅上升的時期，大約在一九七九年英國的柴契爾夫人以及一九八〇年代美國的雷根總統當政的時期。

一九八九年蘇維埃政權崩解之後，九〇年代金融全球化開始快速發展。此時，資本的內容也開始有了轉變（十八世紀是以土地建物為中心，到了二十一世紀則是以工業資本與金融資本為主軸。）

皮凱提指出，如果只關注勞動份額，卻不從歷史發展來理解資本的變化是不夠的。

分析資本的總存量與年間所得流量的比率，就能找出貧富差距的關鍵問題所在。

勞動份額是指什麼？

$$\text{勞動份額} = \frac{\text{人事費用}}{\text{附加費用}}$$

※ 附加費用＝人事費用＋企業利潤＋折舊費用＋利息支出等

日本與美國勞動份額之演變

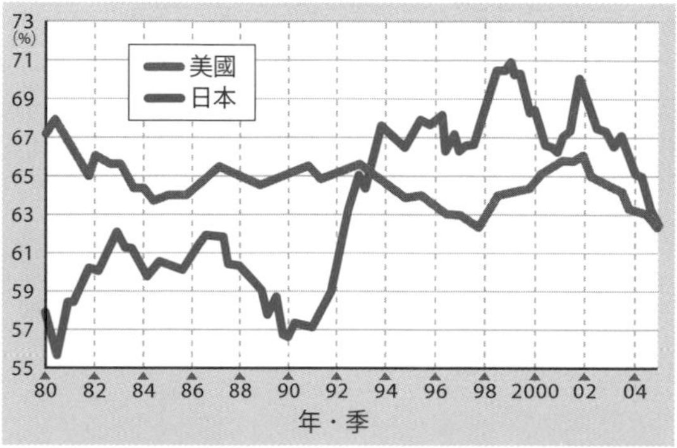
73
(%)
71
69
67
65
63
61
59
57
55
美國
日本
80
82
84
86
88
90
92
94
96
98
2000
02
04
年・季

資料來源：日本綜合研究所

日本的勞動份額在90年代經濟泡沫化以後，由於利潤惡化的緣故使得數值上升，因此與美國比較起來顯得相對安定。

「資本／所得比」

$$\beta = \underline{600\%}$$

↑

資本存量為 6 年總所得
（先進國家的平均數字）

由資本的總存量爲所得的年份數來看，就能觀察出貧富差距的問題了。

23 從國民所得回溯資本

國民所得有可能比該國的國內產出來得高，亦有可能來得低。

從GDP來觀察，扣除資本的折舊（約10%）後，則為「國內純生產」，也稱為國內生產淨額。

再以此來計算國外的純收入以及純支出。

若是國外收入較多的國家，其國民所得就會比國內產出來得高，反之則會低。

當然，觀看全球，各國的國外收支都會打平，因此世界的總產出與總所得會相等。

此國民所得，又可分為資本所得以及勞動所得。

皮凱提使用的資本概念，是指扣除「人力資本（人力資本是他人擁有，且基本上不屬於市場真正交易）」之後，將「實物資本（土地、建物、機械設備與通貨膨脹）」以及「智慧財產權（專利權等）」和「金融資本」，將其市場價值全部相加，再扣除負債的一種純資本概念。

皮凱提將非人力資本統合後，稱之為「財富」或「財產」。

此外，資本還擁有雙重角色，為「價值」與「可累積」的概念，因此也可成為生產要素之一。

這樣一來，在所得與資本的關係中，皮凱提將累積的資本計算出年國民所得倍數，再導入資本主義的第一法則「$\alpha = r \times \beta$」等式，即可得到國民所得中資本分配所占的比率。

皮凱提所說的資本是指……

實物資產 金融資產 智慧財產 等的市場價值	－	負債	＝	資本

資本的概念變得相當廣泛。我將此稱爲「財富」或「財產」。

資本主義的第一基本法則

$$\alpha = r \times \beta$$

α（國民所得中的資本份額）

r（資本報酬率）

β（資本存量）

假設 GDP 500 兆元的國家，資本所得爲 150 兆元，則勞動所得爲 350 兆元。

國民所得

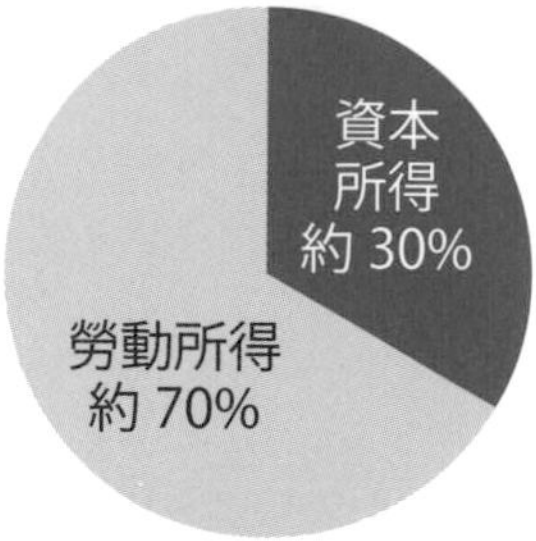
資本所得
約 30%
勞動所得
約 70%

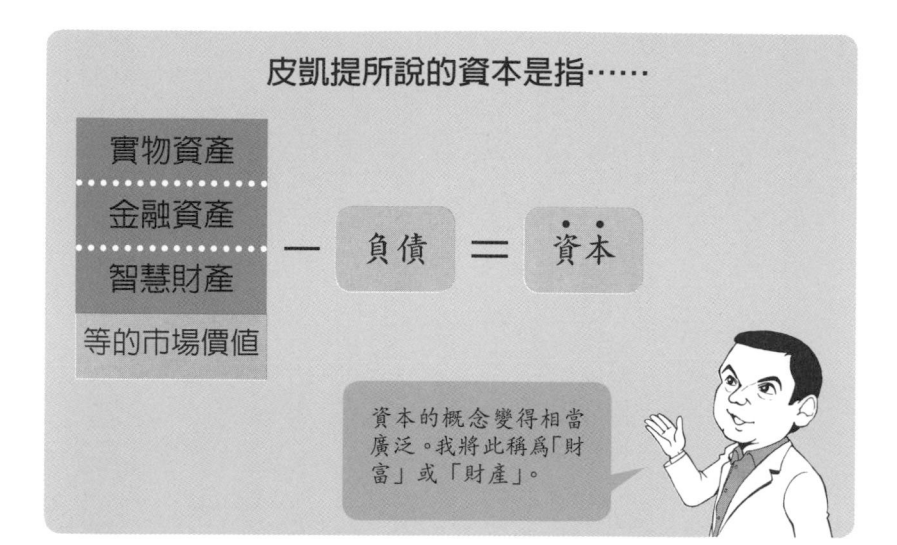

24 全球產出的分布與演變

來看看全球產出的分布狀況以及演變歷史。

一九〇〇～一九八〇年左右，全球的財富以及服務業的產出約有七、八成集中歐美地區，而這兩個地區的財富及服務業壓倒性地高出其他區域。

兩地世界產出甚至高於其占全球人口比率的2～3倍以上。大約在第一次世界大戰前後，歐洲占據全球最高經濟領導地位，幾乎是全球總產出的五成，在這之後慢慢呈現下滑趨勢。

美國則是在一九五〇年代左右達到高峰，占全球總產出的四成左右。到了二〇一〇年，歐美加起來大約也只剩下五成左右的產出。五成產出大約是退回到一八五〇年左右的水準，今後仍會逐漸下降，甚至在二十一世紀的某年還會再降至二～三成的比率也說不定。

為什麼會有這種現象？皮凱提指出「一直到十九世紀初期，歐洲都是持續同樣的產出水準，產出比率和歐美當時所占的全球人口比率相同。」

現在中國的成長也開始呈緩慢收斂，這是由於經濟已經趕上（Catch up），因此不再有之前那麼大幅度的成長曲線了。

來試算一個有趣的公式。

全球人口在二〇一二年時約有70億人，全球產出約為七十兆歐元，等於一人約有一萬歐元的產出值。

如果資本扣除折舊後，將產出全部平均分配給所有人，則全球每一個人的月收入約為七百六十歐元（譯註：以目前歐元對台幣匯率約為1:34，該金額相當於台幣25840元左右的月收入）。

全球產出分配（1700 ～ 2012 年）

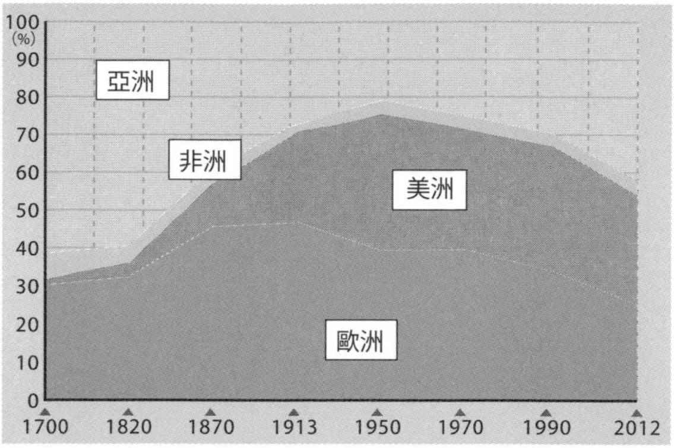

全球人口分布（1700 ～ 2012 年）

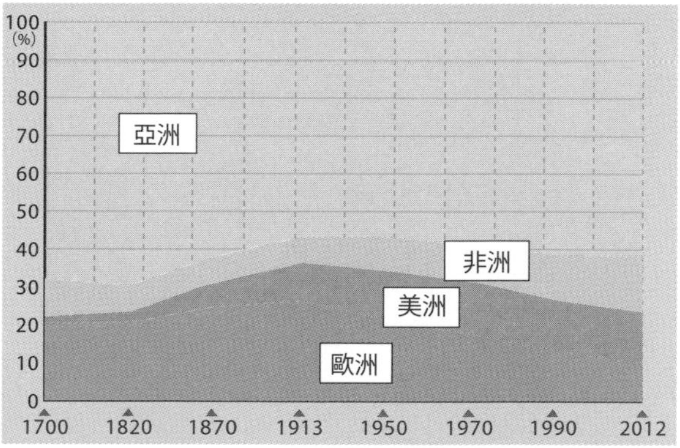

全球 GDP 分配率（2012 年）

人口
70 億 5000 萬人
GDP
71 兆 1200 億歐元
每人 GDP
1 萬 100 歐元
每人月所得金額
760 歐元

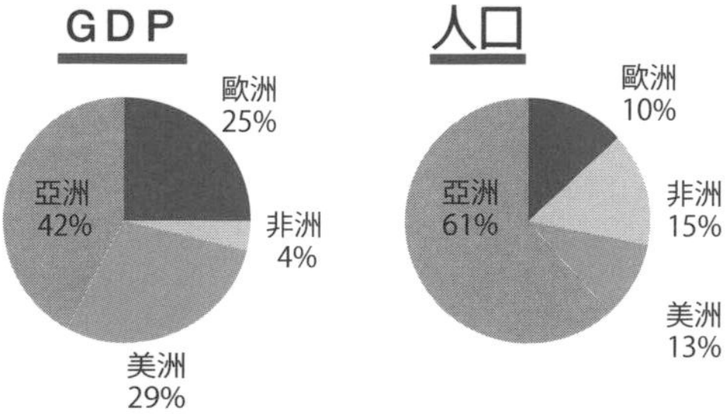

資料來源：http://piketty.pse.ens.fr/capital21c

25 全球的貧富差距是什麼？應比較相對購買力

現在來看看全球的貧富差距。

全球的貧富差距是指，每人每月所得低於150～250歐元的地區（亞撒哈拉非洲、印度等），以及相對較高約2500～3000歐元的地域（如西歐、北美、日本），月所得最高與最低相差10～20倍。

全球總平均所得則與中國幾乎相同，月所得在600～800歐元之間（譯註：目前歐元對台幣匯率約為1:34，換算後約台幣20400～27200元左右）。

皮凱提認為，在比較不同的國家與地區時，應利用相對購買力指標。

如果單純只是使用所謂的匯率換算的話，貧富差距會更大，無法視為一個穩定的比較方法。

以二〇一二年歐洲與美國外匯市場的交換比率來看，1歐元比1.3美元，但若以ICP（國際比較計畫）所發表的相對購買力指數計算的話，歐洲的物價約比美國高一成左右，1歐元會變成1.2美元。（ICP是由聯合國統計會建立的組織，現由世界銀行主導）

當然，如果只以相對購買力計算，也並不完全正確。

亞洲與非洲的物價大約不到富裕國的一半，如果以相對購買力指數來計算GDP的話，則比單純使用匯率換算高出1倍。

這是因為有無法當作貿易的物品，以及服務價格太低廉的影響。

貧窮國家大多因為勞動集約、勞動技術不成熟或是擁有大量的資源等等，並不太具有技術資本。

全球貧富不均（1700～2012 年）

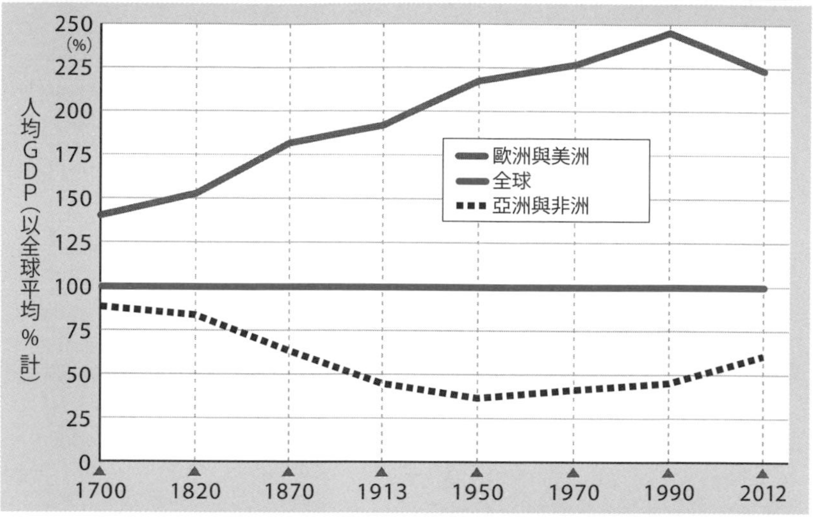
250
(%)
225
200
175
150
125
100
75
50
25
0
人均GDP（以全球平均%計）
1700
1820
1870
1913
1950
1970
1990
2012
歐洲與美洲
全球
亞洲與非洲

全球 GDP 的分配（2012 年）

	人口（百萬人）		GDP（10 億歐元）		每人平均 GDP（2012 年統計）	每人平均月收入（2012 年統計）
全世界	7,050	100%	71,200	100%	10,100 €	760 €
歐洲	740	10%	17,800	25%	24,000 €	1,800 €
歐盟	540	8%	14,700	21%	27,300 €	2,040 €
俄羅斯／烏克蘭	200	3%	3,100	4%	15,400 €	1,150 €
美洲	950	13%	20,600	29%	21,500 €	1,620 €
美國／加拿大	350	5%	14,300	20%	40,700 €	3,050 €
中南美洲	600	9%	6,300	9%	10,400 €	780 €
非洲	1,070	15%	2,800	4%	2,600 €	200 €
北非	170	2%	1,000	1%	5,700 €	430 €
亞撒哈拉非洲	900	13%	1,800	3%	2,000 €	150 €
亞洲	4,290	61%	30,000	42%	7,000 €	520 €
中國	1,350	19%	10,400	15%	7,700 €	580 €
印度	1,260	18%	4,000	6%	3,200 €	240 €
日本	130	2%	3,800	5%	30,000 €	2,250 €
其他	1,550	22%	11,800	17%	7,600 €	570 €

※ 亞撒哈拉非洲＝撒哈拉沙漠以南的南非洲區域，雖然擁有石油和天然氣等天然資源，但是由於政治混亂和內戰等情況，還是屬於相當貧窮的地區。

資料來源：http://piketty.pse.ens.fr/capital21c

26 全球所得分配比產出分配更不平均！

在64頁有提到，全球總所得與總產出幾乎可視為相等，由此也可試算出每人平均月所得。

事實上，所得與產出應該相同的理解只限於全球的平均水準，國家與大陸板塊的等級不同則會衍生出其他問題。

為什麼？這是由於人均產出較高的國家通常都擁有其他國家的資本，因此就有可能從他國的資本中獲得一部分的所得。

富裕國家在某種層面上獲得了雙重所得，這部分所得就是由貧窮國家承擔，因此會變得更加貧窮。

只不過從他國獲得純所得的例子實在很少。

美、法、英國GDP值的1～2%是由日本與德國過去貿易順差其中的2～3%累積而來。

從大陸板塊區分觀察，歐洲、美洲、亞洲幾乎都是由互相提供的資本再加上所得，減去所得流量。因此呈現總所得與總產出相同的狀況，大致相差也不會超過0.5%的範圍

唯一不平均的大陸板塊是非洲。

根據國際間所統計的數據資料，非洲人民的總所得比總產出還低上5%左右。

資本所得大約占了國民所得的30%左右，其中的20%都是由外國人持有。

過去，國際間收支不平衡的情況非常嚴重。尤其是一九一三年左右的英國與法國等擁有殖民地的國家，推測幾乎擁有亞洲與非洲三分之一，甚至一半左右的國內資本。

現在的非洲

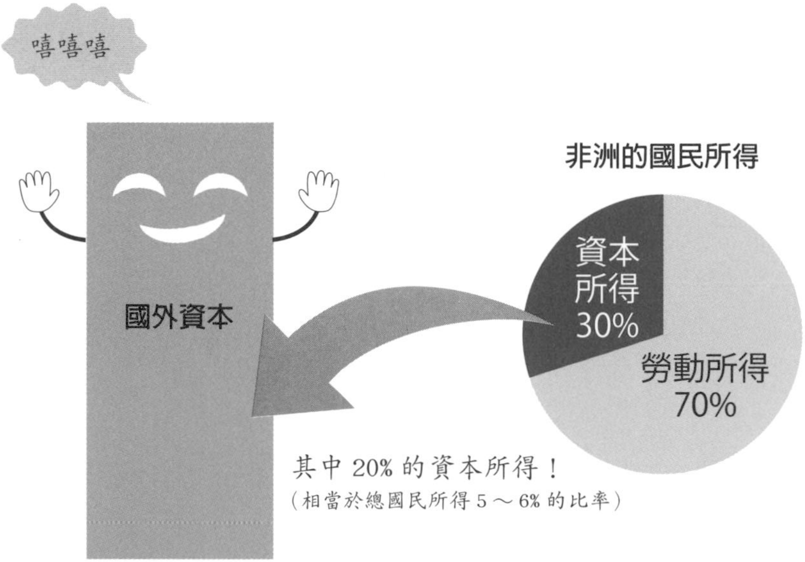

1913 年左右的英國與法國

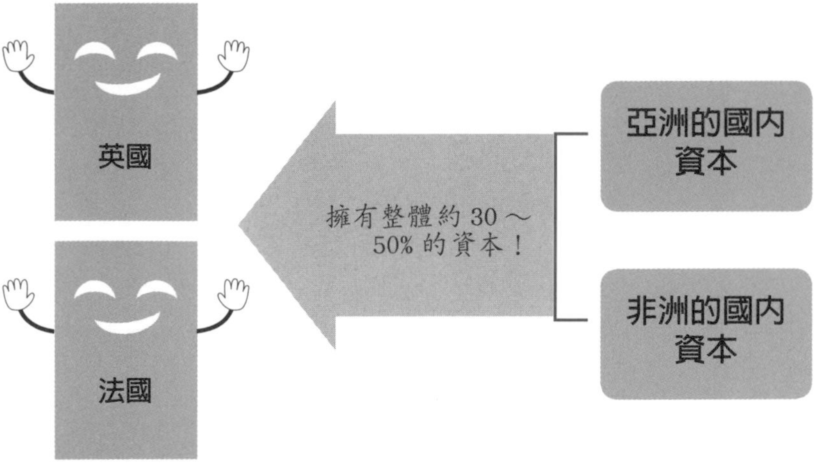

過去，國際間的收支呈現極度不平衡的狀態！

27 貧富差距縮小的關鍵是知識的普及

古典經濟理論認為富裕國家擁有貧窮國家的部分資本，能夠使得貧富差距有效地縮小。

根據「資本報酬邊際效用理論」，若富裕國家再將資本投入自己國家（已經到達最高報酬率），其效率不如投至貧窮國家（還可以持續增加單位生產力），貧窮國家一旦提升生產力，收益就會增加，多少也就能夠填補與富裕國家間的不足之處。

古典經濟學派認為，透過這樣的機制，富裕國家與貧窮國家間的差距就不會再繼續擴大，市場競爭力也會提升，預估貧富差距也能漸漸縮小。

但是，皮凱提卻看出這個理論實際有兩處漏洞。

其一，這種均等化機制，每人平均產出縮減，不代表每人平均所得也會跟著降低。

為什麼？首先，國與國之間的技術水準與人力資本如果不相等，上述理論就無法成立。

其二，富裕國家投資鄰近貧窮國家，無論何時都擁有其所有權，而且所有權比率只會越來越高，這就造成如非洲目前的困境，貧窮國家必須不斷地為富裕國家提供極高比例的產出。

近年來，快要脫離發展中國家成為已開發國家行列的亞洲諸國，並沒有得到所謂的巨額外資的好處。這些國家還是必須得致力於投資本國的人力資本或是生產物資。

亞洲國家中，除了中國的資本是由國家統一管理以外。其他如韓國、日本、台灣等全部都是以本國的資金進行。

要抑制貧富差距擴大，只能從知識教育普及來提升生產力的面向著手而已。

貧富差距縮小關鍵在於知識教育普及！

根據邊際生產遞減效益

富裕國家將資本投資貧窮國家的效益，會比蓄積在本國來得高，更能夠形成雙贏的局面。

即將成為已開發國家的亞洲諸國……

儲蓄 → 形成國內資本！

教育 → 技術知識提升！生產力提升！

利用知識的普及達到自力更生的能力！

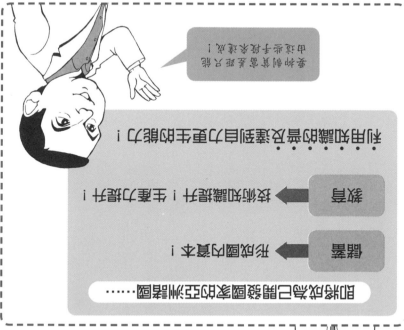

28 經濟成長的幻想與現實差異──成長率低

發展中國家有時會有經濟成長追上先進國家，且貧富差距縮小的錯覺。皮凱提指出，這部分應該從「人口增加」和「人均產出的成長」這兩個面向來考慮會比較周全。這是因為實質的經濟成長分為兩部分，一是人口增加，一為人均產出的成長。要將生活水準提高只有後者才會有真正的貢獻。

二〇一三～二〇一四年，全球經濟成長率大約為3％左右。這是由於新興國家貢獻的緣故，全球人口也大約以近1％的速度成長。

因此，全球人均產出成長率，實際大約僅有2％左右而已（全球每人所得也是同樣的道理）。

由於無從得知西元元年到一七〇〇年左右的人口資料，但推測成長速度與十八世紀後半的工業革命相比應該非常緩慢。

預計人口與經濟的成長率甚至不到1％。

不過，即使成長率低，只要拉長時間，也能成為「累積成長法則」的一種成果。

例如，一年1％的人口成長率，三十年後增加為原本的1.35倍、一百年後變成3倍，三百年後為20倍，一千年後甚至可以有2萬倍以上的成長。

同樣地，一年僅有數％的資本報酬率也沒關係，只要時間夠長，以複利持續計算，就能夠達到比當初資本還要龐大許多的成長效益。

短期來看，3～4％的經濟成長率確實很少，不過資本與人口相同，只要長時間累積還是可以成為可觀的數字。

全球成長率低迷

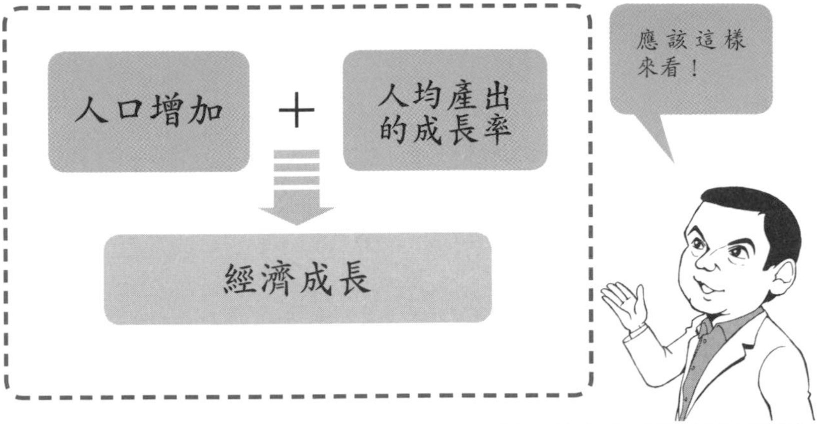
人口增加
＋
人均產出的成長率
經濟成長
應該這樣來看！

工業革命以來的全球成長率（平均年成長率）

1913 ～ 2012 年的全球 GDP 成長率，其中 1.4% 來自人口增加率，1.6% 則是人均產出的成長率。

年份	全球產出成長率(%)	世界人口增加率(%)	人均產出成長率(%)
0–1700	0.1	0.1	0.0
1700–2012	1.6	0.8	0.8
1700–1820	0.5	0.4	0.1
1820–1913	1.5	0.6	0.9
1913–2012	3	1.4	1.6

資料來源：http://piketty.pse.ens.fr/capital21c

全球人口增加（1700 ～ 2012 年）

個別成長率雖然都很低，但若以長時間的「累積成長」來看卻是非常大的數字！

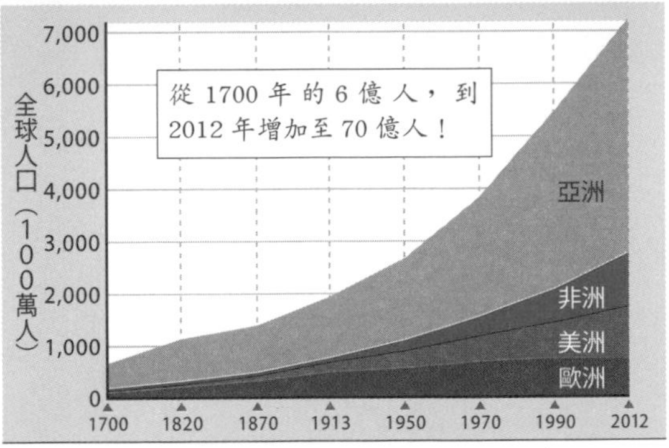
全球人口（100萬人）
7,000
6,000
5,000
4,000
3,000
2,000
1,000
0
從 1700 年的 6 億人，到 2012 年增加至 70 億人！
亞洲
非洲
美洲
歐洲
1700
1820
1870
1913
1950
1970
1990
2012

資料來源：http://piketty.pse.ens.fr/capital21c

29 現在全球人口的狀況又是如何？

來看看現今的全球人口狀況。以目前最值得信賴的人口情報來觀察，皮凱提推測西元元年的世界人口約兩億人左右。

在這之中約有五千萬人住在羅馬帝國領域內，西元元年～一七〇〇年左右的年均人口成長率預估約為0.1％以下。如此低的人口成長率，即使經過許多世代的人口累積，只要遇到疾病、戰爭或饑荒等災難後，幾年內死亡人口就能抵消成長率。

但即使如此，推測在一五〇〇～一七〇〇年間的人口成長率也還能接近0.2％。可能與醫學知識的普及和衛生環境的改善有關。

一七〇〇年以後，全球人口開始快速地增加。十八世紀時，年平均成長率到達0.4％，十九世紀則有0.6％的成長率。

有紀錄顯示歐洲在一八二〇～一九一三年的人口成長率為0.8％，但是到了二十世紀末的時後，反而又減少一半至0.4％。

另一方面，亞洲與非洲這兩個地區長期以來都以高出生率著稱，二十世紀的人口以年均1.5～2％的成長率增加，一世紀就可以增加5倍人口。

由上述的人口成長率計算，二十世紀全球人口的成長率可到達空前絕後的1.4％。

一九七〇～一九九〇年間，雖然有高達1.8％的人口成長率，但利用公式推算預估的話，二〇三〇年將會下降到0.4％，二〇七〇年甚至會再降至0.1％。

工業革命以來的人口增加（年平均成長率）

年份	全球（%）	歐洲（%）	美洲（%）	非洲（%）	亞洲（%）
0–1700	0.1	0.1	0.0	0.1	0.1
1700–2012	0.8	0.6	1.4	0.9	0.8
1700–1820	0.4	0.5	0.7	0.2	0.5
1820–1913	0.6	0.8	1.9	0.6	0.4
1913–2013	1.4	0.4	1.7	2.2	1.5
2012–2050（預估）	0.7	−0.1	0.6	1.9	0.5
2050–2100（預估）	0.2	−0.1	0.0	1.0	−0.2

西元元年至 2100 年的全球人口成長率

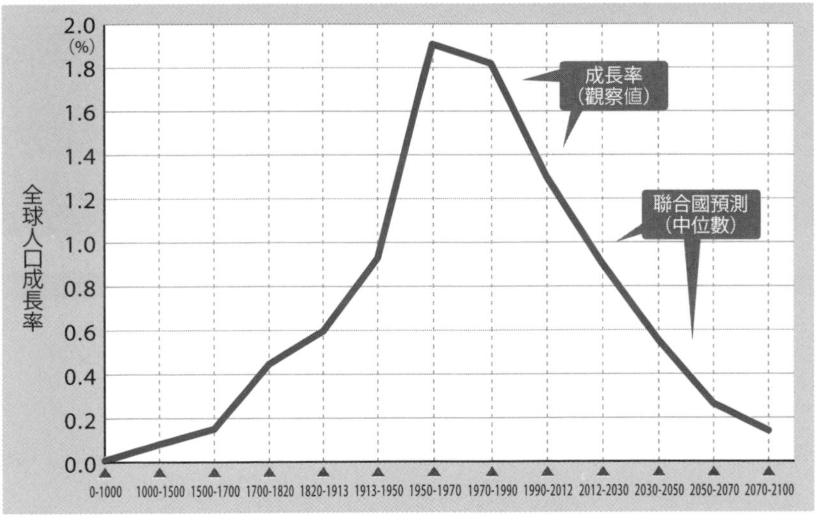

資料來源：http://piketty.pse.ens.fr/capital21c

30 人口增加原來是平等化的要素

人口增加在貧富差距的結構中代表著重要意義。皮凱提舉了一個比較極端的例子，假設一對夫婦擁有10個小孩，那麼小孩就不會過度仰賴父母親的遺產繼承。

如果每個世代的財產都平均分給10個後代，那麼繼承財產對於後代總體的影響非常小。也就是說，幾乎所有人都必須靠自己努力工作，來獲取勞動所得增加財富。

同樣地，利用他國人口不斷地移民本國，以增加人口紅利，最具代表性的就是美國。

大多數的情況，新移民並沒有太多財產，創造新的財富會比繼承前一代的財富更容易。

不過移民造成的人口增加還有另外的問題，就是新移民與原住民之間的差別，以及各個集團內部衍生的其他問題。

人口如果長期維持零成長，或是人口減少，都會對前代累積的資本有很大的影響，會導致經濟停滯和低經濟成長率。

可以預測的是，當資本報酬率大幅高於經濟成長率時，極有可能成為長期財富分配不均的主因。

此外，有人提到人口成長也可以促進個人在社會中的階層流動性，加速菁英層的流動等等。不過這些都只是推測而已，並沒有實證。

人口增加爲平等化的重要因素！

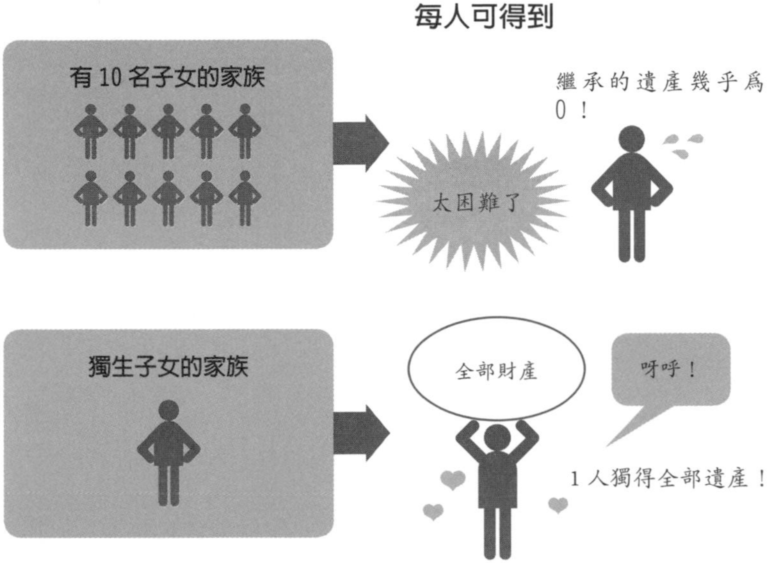
每人可得到
有 10 名子女的家族
太困難了
繼承的遺產幾乎爲0！
獨生子女的家族
全部財產
呀呼！
1 人獨得全部遺產！

移民也是平等化的因素嗎？

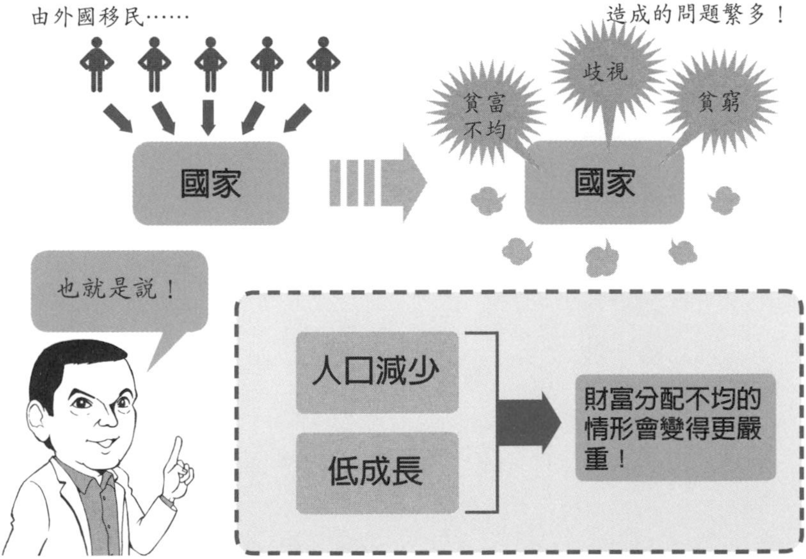
由外國移民……
國家
造成的問題繁多！
貧富不均
歧視
貧窮
國家
也就是說！
人口減少
低成長
財富分配不均的情形會變得更嚴重！

31 年僅1%的成長率對經濟成長的影響也很大！

皮凱提指出即使只有1%的經濟成長率，若是「累積」來看，最終也能成就極大的成長率。

若以30年為一單位，1%的累積成長率可以達到35%以上；年成長率若為1.5%的話，則累積成長率可達到50%以上。

歐洲、北美以及日本在過去30年的平均經濟成長率，約為1～1.5%，但已經使得當地人們的生活起了極大的變化。在一九八〇年代，電腦、網路以及行動電話都還未普及呢。

當時有許多人連飛機都沒搭乘過，更別說擁有現今的先進醫療技術，甚至連讀過大學的人數也是寥寥無幾。通信、運輸、醫療保險、教育等領域都在30年內發生了非常大的變化。

現今生產的物品中，約有三分之一到四分之一在30年前根本還不存在。

工作與職業也多出了許多以前沒有的種類。

這樣子的高成長，也造成許多新的貧富差距，特別是早期投資全新產業而獲利的人們。

但是，像這樣的人們大多數已經因為財產繼承的關係，減輕了貧富差距的存在感。

順道一提，經濟成長率不應只是表面的成長，反而要看扣除物價變動後的實質成長率。

由於通貨膨脹的關係，相對價格也會跟著變動，因此要建立一個統一性的指標相當困難。

此外，通貨膨脹也會影響財富分配，而且是永久性的影響，相信大家對此都能瞭解。

累積成長法則

年成長率	世代成長率（累積 30 年）	相當於乘以以下的數字	累積 100 年相當於乘以	累積 1000 年相當於乘以
0.1%	3%	1.03	1.11	2.72
0.2%	6%	1.06	1.22	7.37
0.5%	16%	1.16	1.65	147
1.0%	35%	1.35	2.70	20,959
1.5%	56%	1.56	4.43	2,924,437
2.0%	81%	1.81	7.24	398,264,652
2.5%	110%	2.10	11.8	52,949,930,179
3.5%	181%	2.81	31.2	……
5.0%	332%	4.32	131.5	……

註：年成長率 1% 則一世代（30 年）的累積成長率相當於 35%，每 100 年會變成 27 倍，每 1000 年成長 2 萬倍以上。

西元元年到 2100 年的全球產出成長率

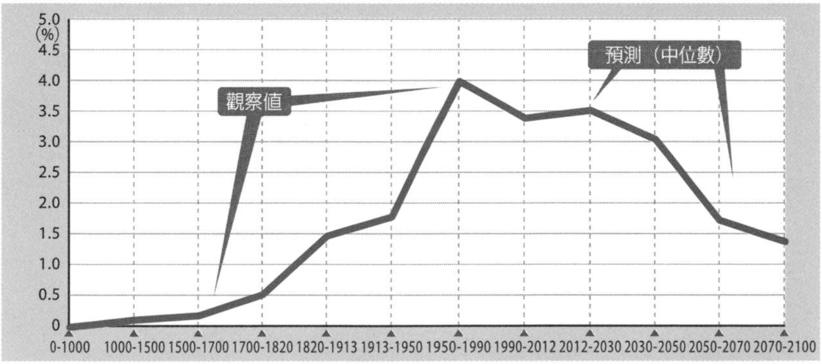

法國與美國的各產業僱用比例（1800 ～ 2012 年）

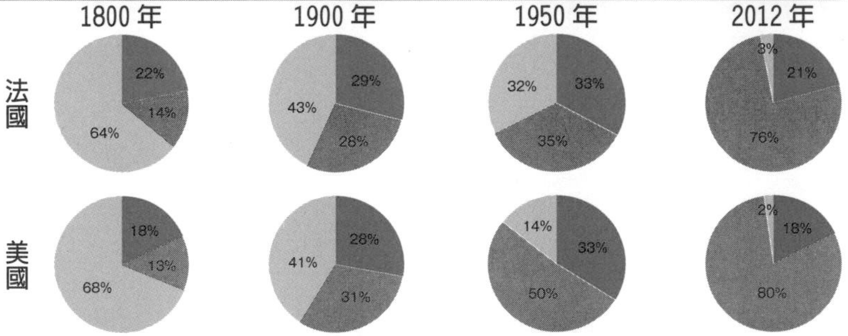

資料來源：http://piketty.pse.ens.fr/capital21c

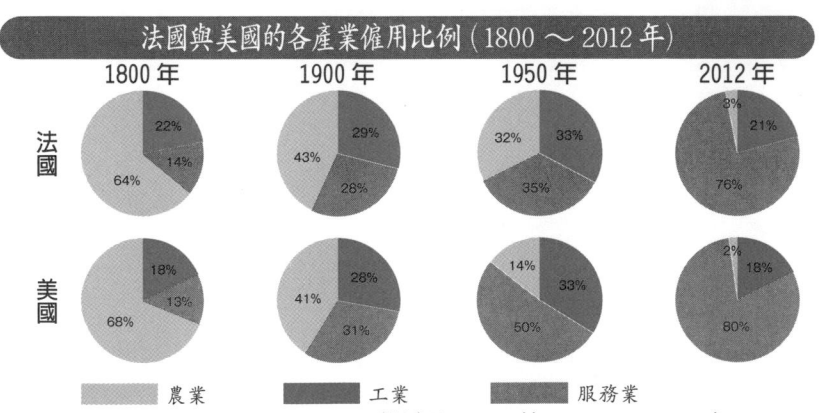

32 資本結構的變化①——英國與法國

皮凱提蒐集了從十八世紀至今，橫跨三個世紀的數據資料，從中檢視資本的結構變化，發現英國與法國的結構變遷十分相似。

英、法兩國在歷經二十世紀激烈的軍事、政治、經濟衝突之後，二十世紀前半的「資本/所得比」減少了近三分之二，二十世紀後半時則增加2倍以上。

農地價格暴跌，住宅地的價格取而代之地提升。兩國在過去一世紀的「資本/所得比」數據得出令人讚賞的「U型曲線」。

此外，英、法兩國過去都是殖民大國。國外資產在十八~十九世紀間不斷增加，第一次世界大戰結束後漸露疲態，外匯慢慢降低，成為低外國資產的國家。

順道一提，國民資產中的公有資產（非金融資產與金融資產）與私有資產相比，公有資產處於規模不足的狀態。另外，十八~十九世紀之間，英、法兩國的物價呈現穩定狀態，顯示利用國債等不勞而獲的人也不在少數。

進入二十世紀之後，英、法兩國因為兩次世界大戰的影響，造成非常嚴重的通貨膨脹，光靠國債收入坐享其成的人幾乎消失，甚至到了無法為子孫留下財產的情況。

法國在一九一三~一九五〇年的年均通貨膨脹率為13%，這37年間的物價上漲達100倍左右。英國同期的通貨膨脹率則是年均3%，期間的物價則到達3倍左右。

雖然期間也有盡量減少其負債的狀況，不過現今兩國的負債還是持續不斷地增加當中。

英國的資本結構（1700～2010年）

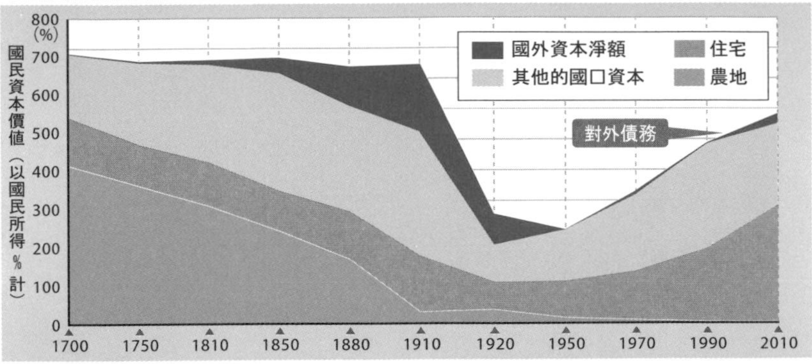

法國的資本結構（1700～2010年）

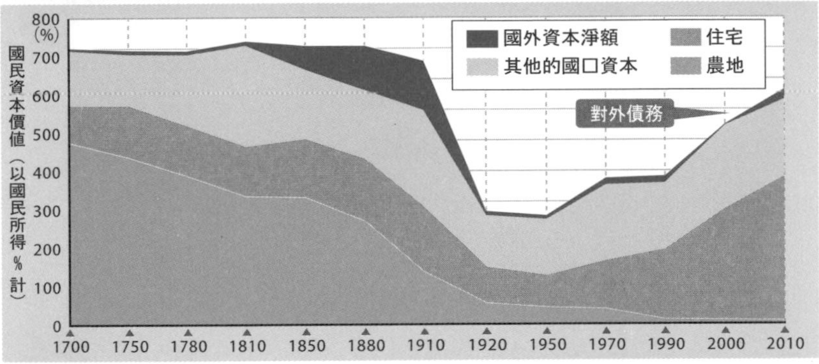

工業革命以來的通貨膨脹

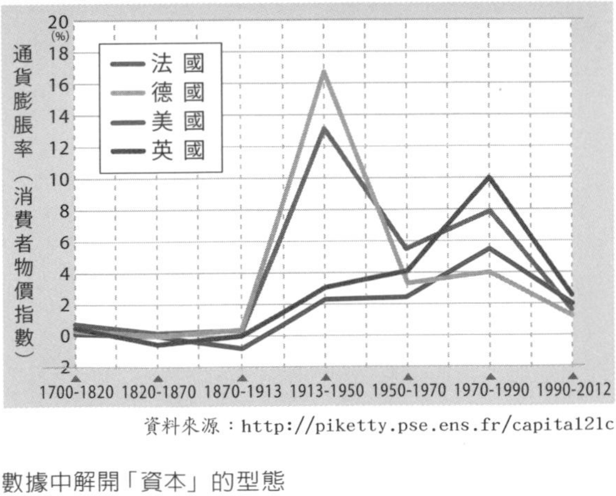

資料來源：http://piketty.pse.ens.fr/capital21c

33 資本結構的變化②—德國

皮凱提指出，德國的資本結構是在有限的資料數據下進行觀察。

由於德國在一八七一年才統一，時間上較晚，且經過好幾次的領土變化，因此沒有辦法找到一八七〇年以前的歷史資料。不過還是可以用整體的變動來推測，大致上還是與英、法兩國相似。

居住用的農地及商業用不動產與工業、金融資本產生替換作用，在兩次世界大戰後，「資本／所得比」緩慢回升，回復到一九一四年以前的水準。另一方面，十九世紀後半的德國相當重視農地，相較於英國，資本結構與同樣重視農地的法國更相近。

工業資本的價值，也比英法兩國來得高。

由於以前德國比較偏重於政治，又不是殖民帝國的關係，因此國外資產比英法少。

但德國在過去數十年間，由於貿易順差，因此其特徵是擁有高比率的國外資產（約占二〇一〇年二分之一的國民所得）。

若從公共債務、公有資本以及私有資本的比率來看的話，德國的結構變化與法國很接近。

一九三〇～五〇年德國的年均通貨膨脹率約為17%，這期間物價上漲到300倍左右（法國約100倍）。

德國經歷了兩次的世界大戰，承擔了龐大的公共債務，卻又由於通貨膨脹而使得公共債務一筆勾銷的緣故，導致民間社會相當不安定，至此之後通貨膨脹成為德國的惡夢。

德國的資本結構(1870 ～ 2010 年)

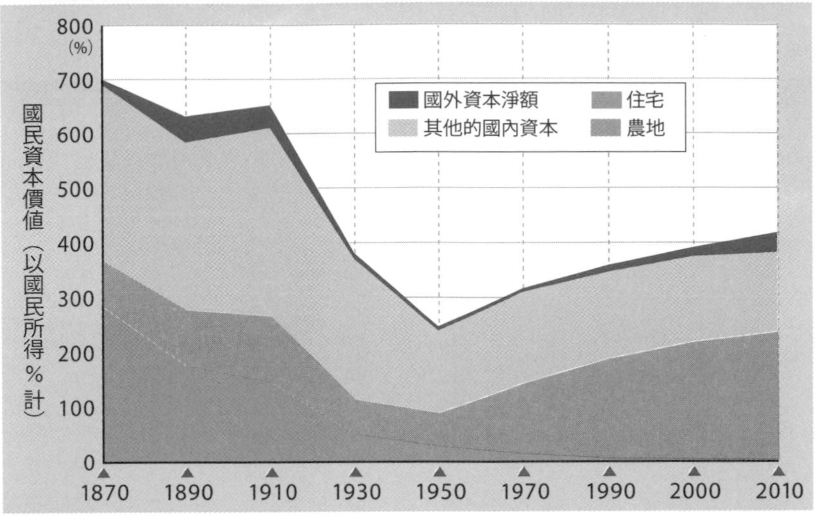
國民資本價值（以國民所得%計）
800
(%)
700
600
500
400
300
200
100
0
國外資本淨額
住宅
其他的國內資本
農地
1870
1890
1910
1930
1950
1970
1990
2000
2010

歐洲的私有資本與公有資本（1870 ～ 2010 年）

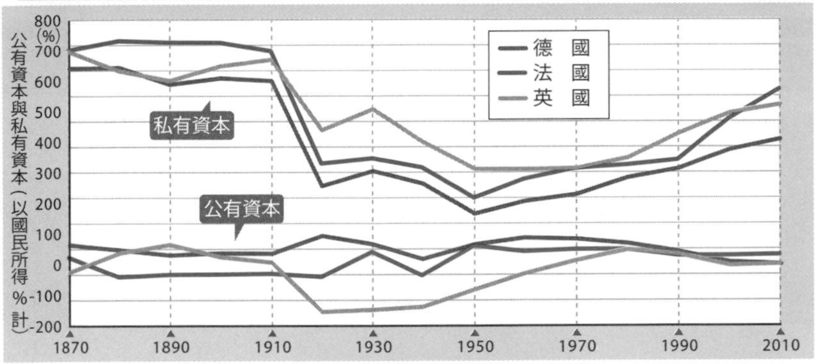
公有資本與私有資本（以國民所得%計）
800
(%)
700
600
500
400
300
200
100
0
-100
-200
德　國
法　國
英　國
私有資本
公有資本
1870
1890
1910
1930
1950
1970
1990
2010

歐洲國民所得長期的變動，幾乎都是根據私有資本變動而產生變化。

資料來源：http://piketty.pse.ens.fr/capital21c

34 資本結構的變化③——美國

皮凱提指出，美國與歐洲的歷史背景完全不同，所以和歐洲比較起來，美國的「資本/所得比」顯示相對較低。

美國是一個移民社會，獨立時（一七七〇～一八一〇年）的國民資本存量，由資料推算出來大約是3年的國民所得，農地的價格大約為1～1.5年的國民所得（英、法兩國當時的國民資本存量相當於約7年的國民所得，其中農地約占了4年份）。

當時的美國由於土地資源相當豐富，因此價格十分低廉。由此也可看出地主的影響力與累積財富的能力也不是很重要。

即使較晚才移民到美國的人，也能夠在2至3年的勞動時間內縮減與先開發者的貧富差距，因此較能快速地消除財富不均的問題。

十九世紀中期以後，才開始有比較重大的改變。一八一〇年的資本存量約為3年的國民所得，到了一九一〇年左右累積到接近5年的國民所得。

此外，二十世紀所發生的各種打擊經濟的因素對美國的影響較輕微，一九一〇～二〇一〇年的「資本/所得比」大約也還有4～5年左右的國民所得。

在經濟大恐慌的一九三〇～四〇年代，美國也早歐洲一步擴大公共投資事業、實施租金統一以及累進課稅制度，這些政策是成功控制「資本/所得比」等的重要因素。

美國由於沒有殖民地的關係因此擁有的國外資本很低，不過如果加上十八～十九世紀的奴隸制度資本的話，與農地的價格其實不相上下。

美國的資本結構（1700～2010年）

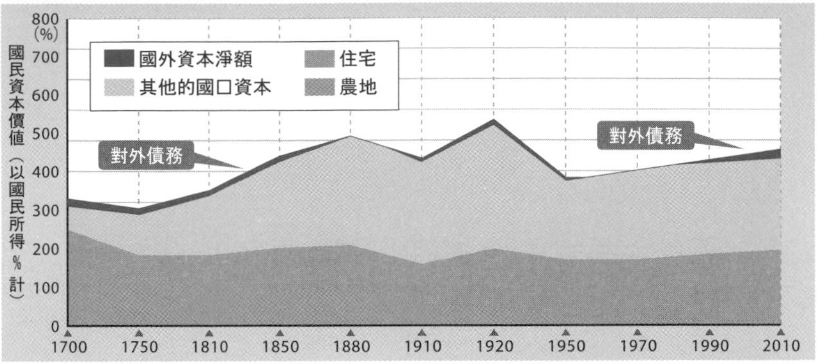

美國的資本與奴隸制度

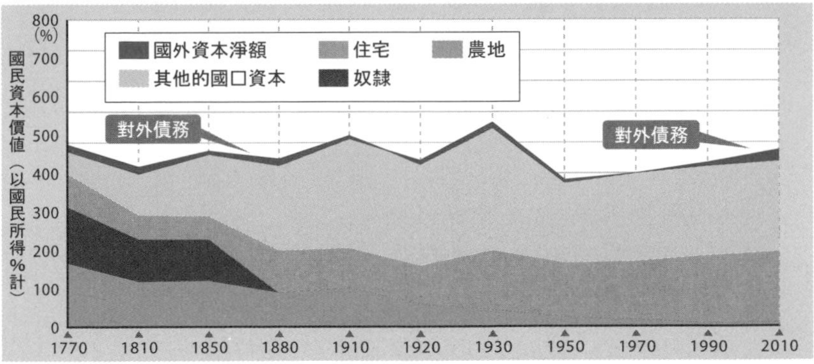

資料來源：http://piketty.pse.ens.fr/capital21c

35 資本結構的變化④——加拿大

加拿大在十九世紀後半到二十世紀前半的這段期間，國內資本相當大的一部分（約四分之一）是國外資本。

皮凱提認為，加拿大與美國的發展大相逕庭的原因很值得深思。

相對於美國歷經獨立戰爭後才完成建國，加拿大則是一直維持英國的聯邦制度，而後才慢慢走向獨立，元首也依舊沒有改變，仍是英國國王。

以英國為中心的外國資本，占了國內資本相當大的比重，其中又以天然資源（銅、鋅、鋁礦、石油與天然氣等開採）占最高比重。

一九一〇年加拿大當時的國內資本，大約為國民所得的530%，其中推測大約有120%的國民所得為外國資本。

加拿大的純資產由兩者相減後約為410%。

經歷了兩次世界大戰，大多數歐洲國家不得不賣出國外資本，雖然速度呈現緩慢的情況，但卻還是有很大的不同。

一九五〇～一九九〇年間，加拿大對外純債務比重約為國內資本的10%。公共債務在此期間後期則是呈現增加的狀態，本書中整理的資料為一九九〇年以後的數據。

加拿大與美國有一點相似，即為國內資本為國民所得的410%，其中外國投資者擁有的資產（扣除加拿大本國投資者的海外資產而得的數據）占國民所得10%以內。

加拿大的資本結構變化（1860 ～ 2010 年）

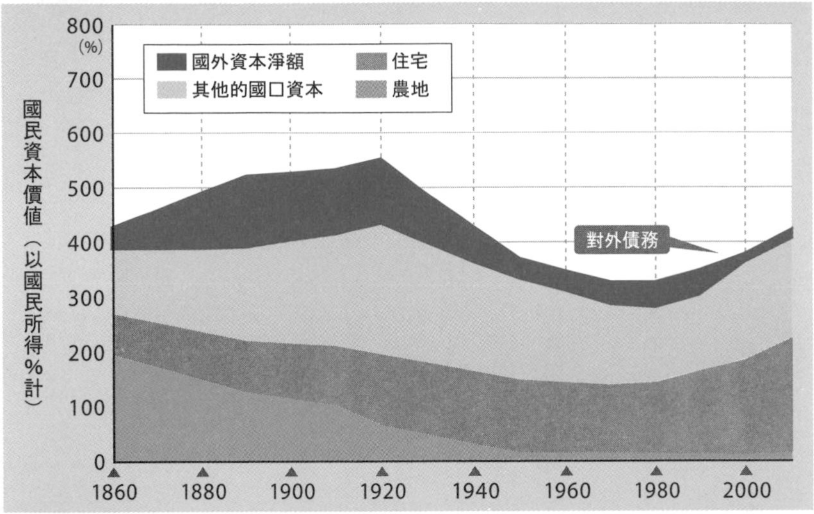

國民資本價值（以國民所得%計）
800 (%)
700
600
500
400
300
200
100
0
1860
1880
1900
1920
1940
1960
1980
2000
國外資本淨額
住宅
其他的國口資本
農地
對外債務

歐洲與美國的國民資本（1870 ～ 2010 年）

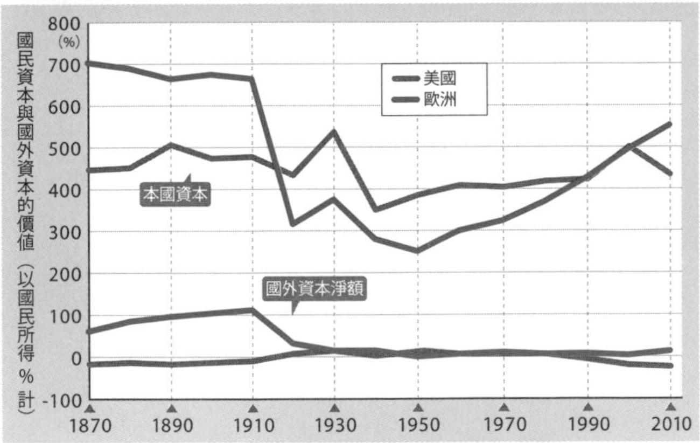

國民資本與國外資本的價值（以國民所得%計）
800 (%)
700
600
500
400
300
200
100
0
-100
1870
1890
1910
1930
1950
1970
1990
2010
美國
歐洲
本國資本
國外資本淨額

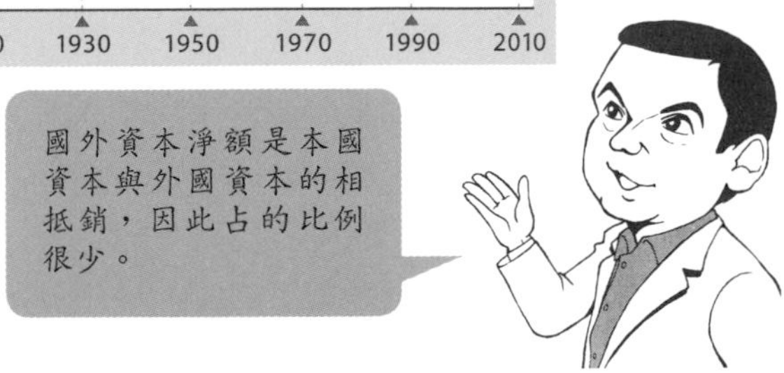

國外資本淨額是本國資本與外國資本的相抵銷，因此占的比例很少。

資料來源：http://piketty.pse.ens.fr/capital21c

36 長期觀察到的「資本/所得比」

觀察十八世紀以後的歐洲與北美的資本變化，可以看出資產內容完全不同。

但皮凱提指出其中更驚人的事實是，即使完全迥異的資本內容，資本存量的總價值，如果跨越長時間來看，居然還是沒有改變。

也就是說，英、法兩國目前國民資本約為5、6倍的國民所得，與十八～十九世紀間的水準幾乎只有些微的下降，幾乎快回到第一次世界大戰之前的6至7倍國民所得的規模。

由此可知，在常態性「r>g」的狀態下，資本的累積會進行得更快速。

更大膽地推論，如果資本以一九五〇年代以後「資本/所得比」同樣速度增加的話，在二十一世紀結束前資本存量就能夠回復到過去的水準，甚至有可能會超過當時的規模，皮凱提認為這可是不得不戒慎恐懼的事情。

為了解答這個問題，必須將「資本/所得比」與儲蓄、成長率相關的動學法則來表示。

這也就是皮凱提所提出的資本主義的第二基本法則「$\beta = s/g$」的公式。

根據此公式，長期的「資本/所得比」為β，儲蓄率為s、經濟成長率為g的方程式則以「$\beta = s/g$」的關係呈現。

歐洲的國民資本（1870 ～ 2010 年）

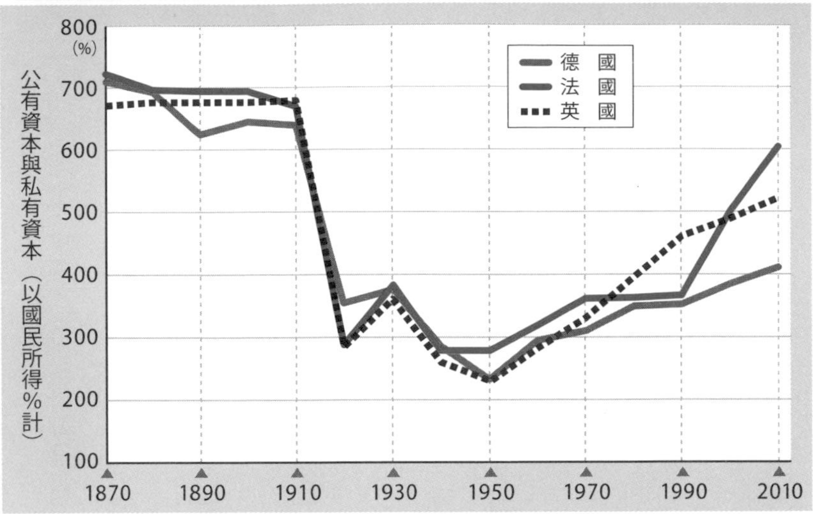
800
(%)
700
600
500
400
300
200
100
公有資本與私有資本（以國民所得%計）
1870
1890
1910
1930
1950
1970
1990
2010
德 國
法 國
英 國

資料來源：http://piketty.pse.ens.fr/capital21c

資本主義的第二基本法則

$$\beta = \frac{s}{g} = \frac{\text{儲蓄率}}{\text{經濟成長率}}$$

在此 $\beta = s/g$ 的公式中，g 爲國民所得的總經濟成長率，也就是人均經濟成長率與人口增加率的總和。歐洲的資本存量比美國大的原因即是人口增加幾乎爲零，經濟成長率又比美國低，因此資本存量爲國民所得的 5 ～ 6 倍，比美國來得高。

如同美國一樣，1 年的人口增加率約爲 1%，經濟成長率爲 2.5 ～ 3%的國家，則年儲蓄資本存量僅爲國民所得的 3 ～ 4 倍，因此 β 會來得比較小。

37 一九七〇年後，富裕國家的資本回升

皮凱提為了表示短期與長期的「資本／所得比」動向不同的關係，調查了一九七〇～二〇一〇年富裕國家的同等數據，變動以年次為一單位。

以私有資本與國民資本的比率變動，觀察全球最富裕的8個國家。

結論是這8個國家的「資本／所得比」在短期間內的變動都很大。

變動激烈的原因不外乎是不動產（住宅用或商業用不動產）與金融資產（特別是股票）的價格也很容易變動的緣故。

這些資產不但會影響基礎條件，如果牽涉到出售資產的必要性時，也會受其左右。

在這裡比較明顯的是，一九八〇年後半日本經濟泡沫化的情形。

股票與土地的價格一直高居不下，但到了九〇年代卻開始急速下降。這種情形，如果說是人為操縱也不能說不合理。

短期資產價值是不規則且無法預測的，但是從一九七〇～二〇一〇年共40年的數據來看，富裕國家都可觀察出其傾向。

一九七〇年代初期，富裕國家私有資本的總價值（扣除負債後），整體大約是在2～3.5倍的年國民所得之間。到了40年後的二〇一〇年，國家整體的私有資本都介於年國民所得的4至7倍之間。

除去泡沫化時期，一九七〇年代後新的世襲資本主義來臨，私有資本也理所當然地強力回升了。

富裕國家的私有資本（1970 ～ 2010 年）

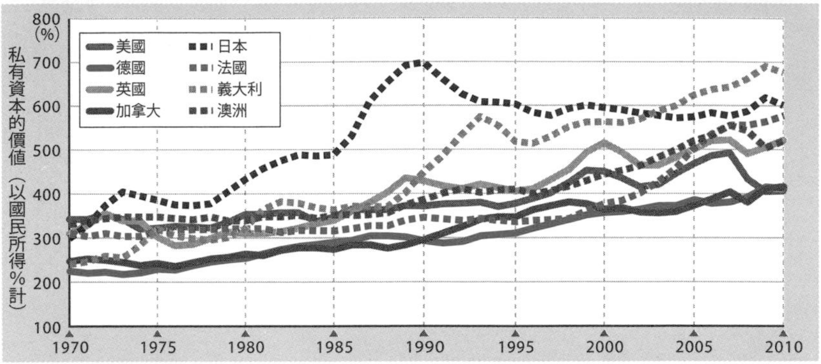

800 (%)
私有資本的價值（以國民所得%計）
700
600
500
400
300
200
100
1970
1975
1980
1985
1990
1995
2000
2005
2010
美國
德國
英國
加拿大
日本
法國
義大利
澳洲

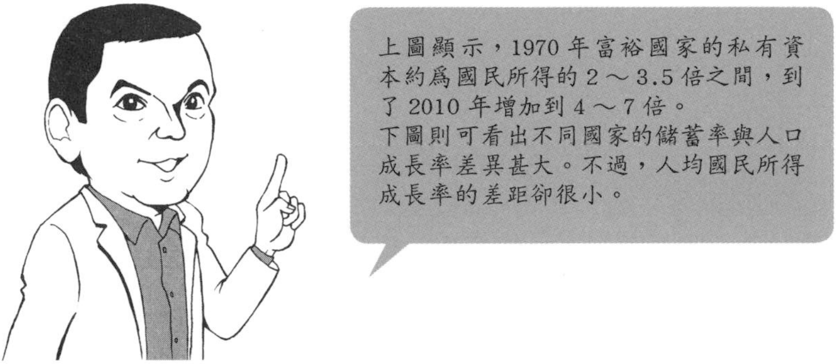

上圖顯示，1970 年富裕國家的私有資本約爲國民所得的 2 ～ 3.5 倍之間，到了 2010 年增加到 4 ～ 7 倍。
下圖則可看出不同國家的儲蓄率與人口成長率差異甚大。不過，人均國民所得成長率的差距卻很小。

富裕國家的經濟成長率及儲蓄率（1970 ～ 2010 年）

國家	國民所得成長率	人口成長率	人均國民所得成長率	民間儲蓄（減掉資本折舊）（以國民所得的 % 計）
美國	2.8%	1.0%	1.8%	7.7%
日本	2.5%	0.5%	2.0%	14.6%
德國	2.0%	0.2%	1.8%	12.2%
法國	2.2%	0.5%	1.7%	11.1%
英國	2.2%	0.3%	1.9%	7.3%
義大利	1.9%	0.3%	1.6%	15.0%
加拿大	2.8%	1.1%	1.7%	12.1%
澳洲	3.2%	1.4%	1.7%	9.9%

資料來源：http://piketty.pse.ens.fr/capital21c

38 一九七〇年後的結構變化是什麼？

前頁整理了富裕國家40年間的數據資料，現在皮凱提要來說明關於私有資本結構變化的三項要素。

第一項，長期以來最重要的要素就是低迷的經濟成長以及人口成長漸緩這兩件事情。

這兩項與儲蓄率的高低互相影響。根據資本主義的第二法則「$\beta = s/g$」公式，自然會影響到長期的「資本／所得比」結構的增加。

更長遠來看，此機制會更有力地影響、支配資本結構。

第二項，是一九七〇到八〇年，國營事業民營化的移轉。如同字面上的意思，此時資本中公有資本的比例急速下降。

也就是說，私有資本的增加就是因為國家財富民營化的關係。

一九七〇年，義大利的公共財產在巨額財政赤字的影響下，從一九八〇年代開始轉盈為虧。義大利大部分的國民負債，來自於有財力的國民透過購買國債以及政府公債，將資本貸予政府，因此總體來說國家財富並沒有增加，但私有資本卻增加了的現象。

第三項，受影響的不動產與股票市場的價格，說明了長期經濟起飛（Catch up）的現象。

富裕國家的私有資本與公有資本（1970 ～ 2010 年）

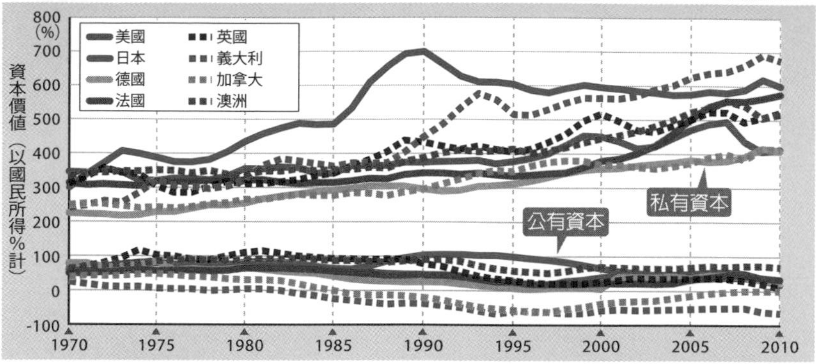
800
(%)
700
600
500
400
300
200
100
0
-100
資本價值（以國民所得%計）
美國
日本
德國
法國
英國
義大利
加拿大
澳洲
公有資本
私有資本
1970
1975
1980
1985
1990
1995
2000
2005
2010

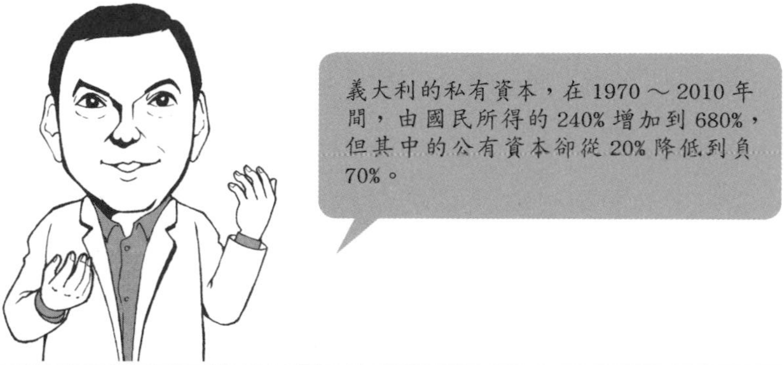
義大利的私有資本，在 1970 ～ 2010 年間，由國民所得的 240% 增加到 680%，但其中的公有資本卻從 20% 降低到負 70%。

富裕國家的民間儲蓄與公共儲蓄（1970 ～ 2010 年）

國家	國民儲蓄（民間＋公共）（扣除資本折舊後）（以國民所得 % 計）	民間儲蓄	公共儲蓄
美國	5.2%	7.6%	−2.4%
日本	14.6%	14.5%	0.1%
德國	10.2%	12.2%	−2.0%
法國	9.2%	11.1%	−1.9%
英國	5.3%	7.3%	−2.0%
義大利	8.5%	15.0%	−6.5%
加拿大	10.1%	12.1%	−2.0%
澳洲	8.9%	9.8%	−0.9%

資料來源：http://piketty.pse.ens.fr/capital21c

39 由「資本／所得比」觀察資本與勞動分配

前面已經提過，利用資本主義的第一基本法則「$\alpha = r \times \beta$」的公式，勞動與資本就能夠自由代入計算。

例如資本存量是年國民所得的6倍（600％），資本報酬率為5％時（r＝5％），資本所得占年國民所得的比率α就會成為30％，勞動所得比率則可計算出為70％。

皮凱提蒐集了十八世紀以來的歷史數據資料，同時也以英國與法國的例子來解釋，說明如何決定資本報酬率。

英、法的資本所得份額在十八世紀後半到十九世紀間約為35～40％左右，到二十世紀時則下降到20～25％，不過時間推移到二十世紀後半至二十一世紀前半又回升到25～30％左右。

這樣子的變化對應資本報酬率，推算平均報酬率在十八世紀到十九世紀時約為5～6％，到二十世紀前半上升至7～8％，其之後的後半葉以及二十一世紀前半將下跌至4～5％。

此外，皮凱提所強調資本「平均」報酬率的概念實際上是一個很抽象的結構物。

資本報酬率依照資產的種類以及個人資產規模會產生極大的差異，這也就是貧富不均容易擴大的因素之一。

十八到十九世紀的農地報酬率大約為4～5％，比二十一世紀前半的不動產3～4％還要高，現今活存與定存年利率也只有1～2％左右，通貨膨脹率只要稍微超過年利率，很容易就讓資本報酬率變成負數。

義大利的資本與勞動分配（1770 ～ 2010 年）

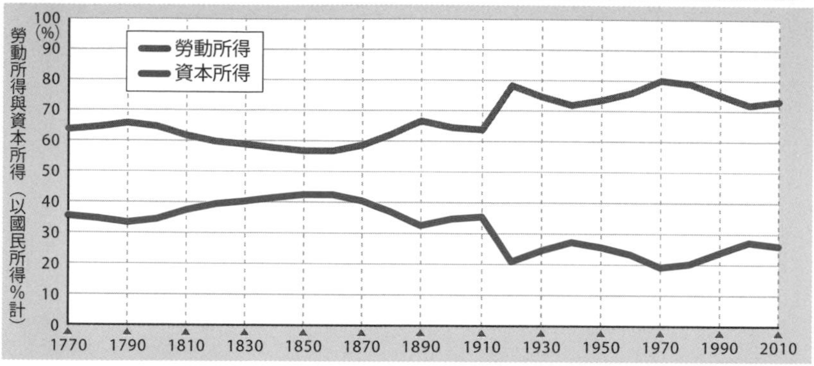

法國的資本與勞動分配（1820 ～ 2010 年）

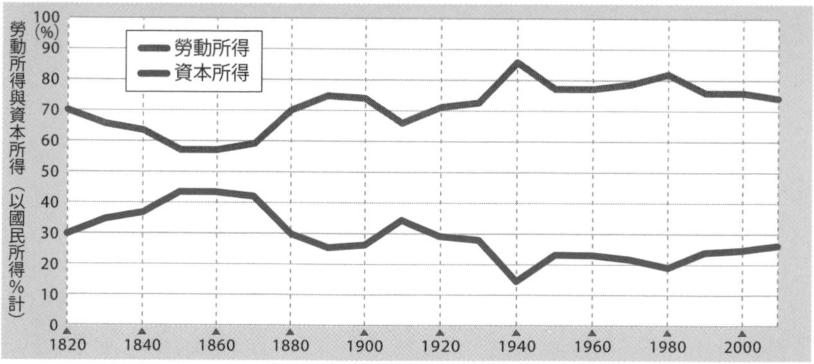

資料來源：http://piketty.pse.ens.fr/capital21c

40 統計所得流量比資本存量困難多了

在統計所得流量的時候應該考慮非薪資所得。這裡所提到的概念是因為資本包含的報酬，與其他所得難以清楚劃分的緣故。

現在民間企業大多數是以股份有限公司的規模進行，企業帳目中的勞動報酬與資本報酬也非常明確地劃分開來。

不過也有例外，像是已不如以往重要的企業會計部門。最明顯的例子是有許多合夥或個人獨力經營的非完全薪資報酬者，由於擁有企業所有權與經營權，個人所得會與企業所得混淆，因此很難判別何者屬於資本所得、何者為勞動所得。

現今富裕國家裡的非完全薪資報酬者，其非薪資所得幾乎占了國內生產毛額的10%。

此外，非完全薪資所得勞動者大部分都從事中小規模的事業。例如商人、專業人士、小規模農家、小旅館業者、廚師、醫師、律師等等的專門職業。這些人的報酬是無法與一般的資本報酬區分。

醫師的收入，是勞動與使用醫療器材兩種內容對應而得的報酬，而且醫療器材也相當昂貴，與小規模農家的情形一樣。

因此，這些非完全薪資報酬者的所得稱作「混合所得（或稱開業所得）」。由於混合所得占國民生產毛額的比率很小，不確定性的影響度也很輕微，因此在這裡的所得「分配」就跟一般的分配相同也沒有不妥之處。

混合所得（開業所得）是什麼？

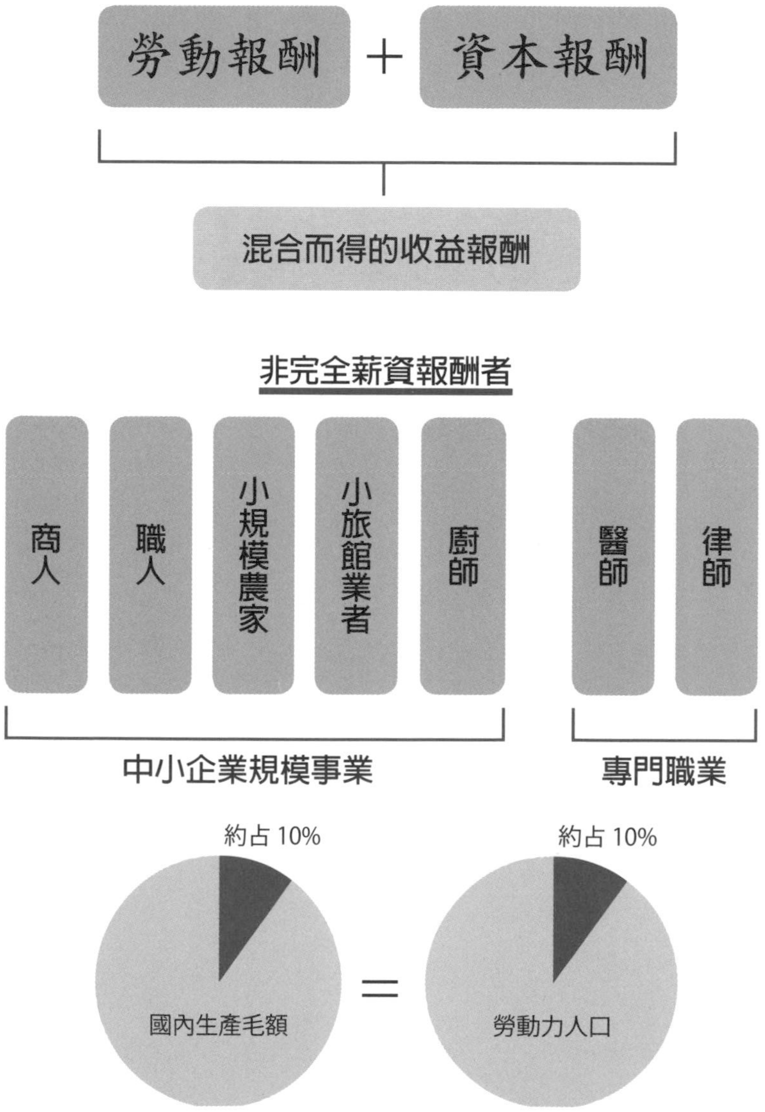
勞動報酬
＋
資本報酬
混合而得的收益報酬
非完全薪資報酬者
商人
職人
小規模農家
小旅館業者
廚師
醫師
律師
中小企業規模事業
專門職業
約占 10%
國內生產毛額
＝
約占 10%
勞動力人口

※ 混合所得占國民所得的比率很少，因此不確定性的影響也很輕微，將這裡的資本分配視爲一般分配也不會有太大的問題。

41 資本過剩會導致資本報酬率下降嗎？

資本存量增加到一定的值時，當然會因資本生產邊際效應導致生產下降。

例如，農業勞動人口一人擁有幾千畝農地的話，再增加一畝地也無法增加太多的收穫量。

生產邊際效應的意思就是，到達一定的量生產就會開始呈現減少的狀況。

反過來說，如果人口非常多，在有限的土地只有稀少的居住地以及生產設備的情況下，追加一資本單位的生產邊際效應當然會提升很多。

皮凱提點出了值得深思的問題是，資本存量增加時，與其著重於資本生產邊際效應減少或增加（必然會減少的話），還不如直接預測出會降低多少，以及速度快慢的問題。

可能性可分為兩種，當「資本／所得比」的β變成2倍時，r會減少一半以上，國民所得中資本所得所占的比率「$\alpha=r\times\beta$」的數值，會隨著β的增加而減少。也就是說，資本報酬率的降低會與「資本／所得比」的上升而相抵銷。

反之，β變成2倍的時候，r減少不到一半時，資本所得在國民所得中的份額「$\alpha=r\times\beta$」，會隨著β的增加而上升。

用英法兩國的歷史資料來看，二十世紀前半的U型曲線下滑是由於資本報酬率r的變化，降低了此U型曲線的幅度。

此外，資本報酬率r也會受技術而影響其幅度。

全球稅後資本報酬率與成長率（古典時期～2100 年）

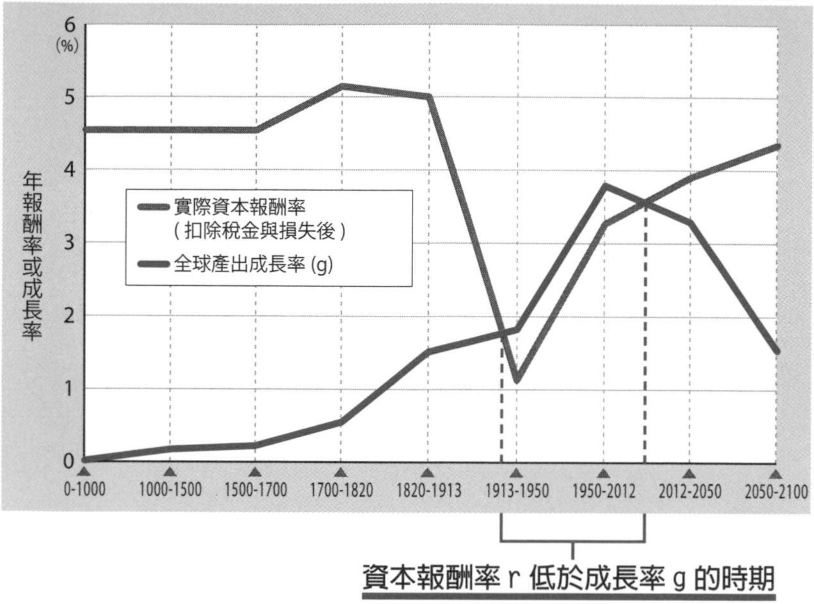

$$\alpha = r \times \beta$$ ←（資本主義第一基本法則）

※ α ＝資本所得的比率　r ＝資本報酬率　β ＝資本存量

英國的資本報酬率

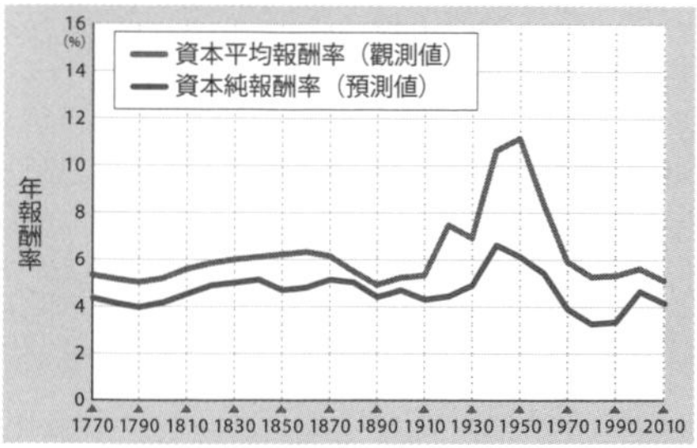

法國的資本報酬率

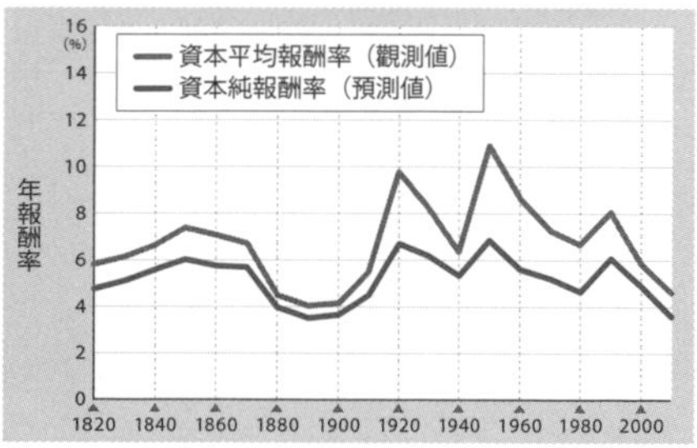

資料來源：http://piketty.pse.ens.fr/capital21c

42 皮凱提為何從資本中扣除「人力資本」？

皮凱提將「人力資本」扣除再重新計算資本（財富）。這事由於歷史上經濟的發展可視為是人類投入勞動、技術與知識等資源於生產程序取得更多利潤而來。

皮凱提則對目前的定論：「技術的演變造成今日勞動要素越顯重要」抱持懷疑的態度。

長期觀察資本所得的份額可以發現，一八〇〇～一八一〇年約35～40%，但到了二〇〇〇～二〇一〇年則降低為25～30%。加上勞動所得份額的提升（60～65%增加至70～75%），就會產生勞動要素在生產過程中變得舉足輕重的迷思。

就現階段的觀察，以整體推論資本所得份額再過數十年可能會回到十九世紀初的水準。

雖然，這期間資本所得份額的下降是十分重要的一環，但也不會下降到重挫文明發展的程度。

回首過去兩個世紀期間，科學與技術水準確實呈現顯著上升的趨勢。但是工業、金融、不動產資本的存量也同樣呈現大量增加的情形。

人類從基於資本、遺產、血緣關係的文明發展，轉變成基於人的資本與才能的社會發展，也就是說多虧了技術的革新，才能將擁有資本的股東，變成真正有才能的經營者。

不過與此同時，資本的重要性也大大的增加，卻也是無法否認的事實。

人力資本只是海市蜃樓？

資本所得份額的減少

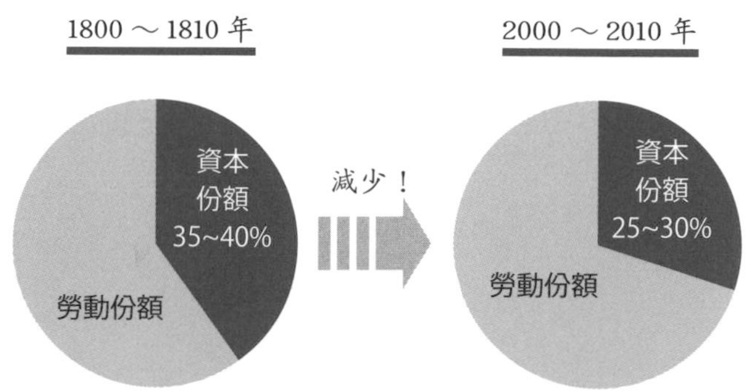
1800 ～ 1810 年
資本
份額
35~40%
勞動份額
減少！
2000 ～ 2010 年
資本
份額
25~30%
勞動份額

目前的論點

經濟發展是技術越發達，
則勞動要素也會變得越來越重要！

雖然說資本份額下降，勞動份額上升，但文明卻也非完全迥異的水準。
產業、金融、不動產資本存量卻大量提升！

43 資本與勞動所得「分配」的短期、中期變化

英國工業革命初期，國民所得的資本所得，相較於十八世紀末到十九世紀初時期約增加了10%。

馬克思大約是在十九世紀初出版「共產黨宣言」並開始著手撰寫「資本論」，此時資本所得份額已經到達了45～50%。

根據各種不同的研究，這個增加幅度差不多已經完全抵銷了在一八七〇～一九〇〇年下滑幅度相同的資本所得。接著，一九〇〇～一九一〇年又些微增加。二十世紀與法國大革命及拿破崙時期後並沒有太大的改變。

也就是說，十九世紀前半的國民所得約10%轉移成為資本利潤，客觀來說，也就是導致當時普遍低薪的原因之一。

羅伯艾倫指出，這與從地方流入都市的勞動力，以及資本生產性的技術提高有關。

皮凱提的「技術隨意性」也包含這層意思。

法國也是一樣的情況，一八一〇～一八五〇年，即使工業穩定成長，也改變不了薪資偏低的情況。

根據法國大革命時（一七八九年）的資料數據，革命前數十年間，所謂的土地租金占所得的比率逐漸增加，一七八九～一八一五年間提升了一定金額的薪水（這是因為土地再分配與軍事衝突需求的提高，需要勞動力的關係）。

像這樣，資本與勞動所得的份額不管是在短期、中期都會頻繁地變化。

資本與勞動所得「分配」的短期及中期變化

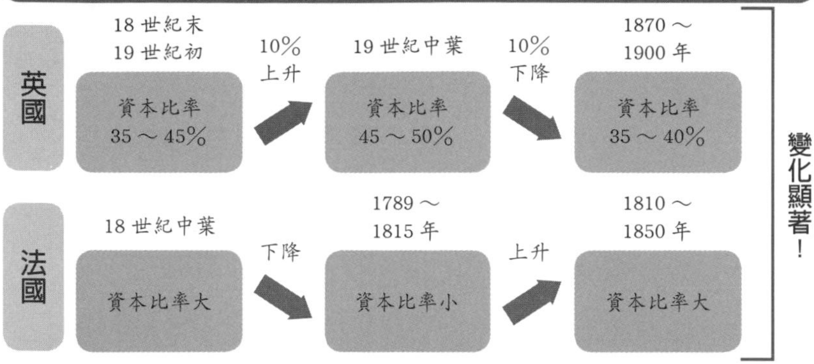

資本所得占法國國民所得的比率（1900 ～ 2010 年）

法國境內住宅租金占國民所得的比率（1900 ～ 2010 年）

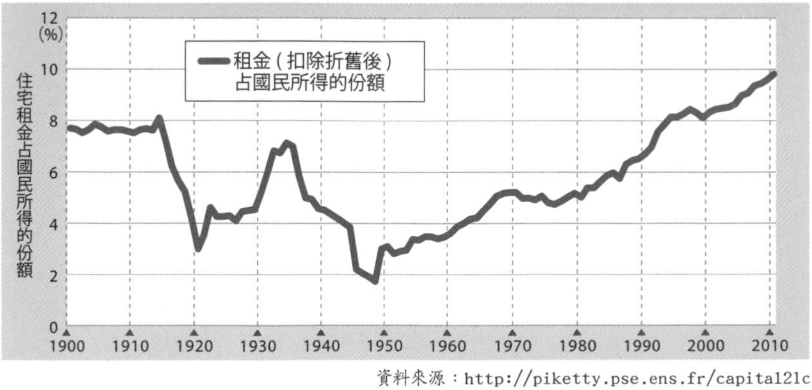

資料來源：http://piketty.pse.ens.fr/capital21c

44 馬克思主義的不足—資產階級並未走向末日

皮凱提將馬克思的理論與自己的論述做了一番比較。認為馬克思所理解的「資本無限累積原則」是不正確的經濟理論。

馬克思所處的十九世紀前半葉，是個薪資低廉、勞動者貧困、健康狀況不佳、職場災害不斷，以及資本家壓榨勞工的時代。

皮凱提認為可以用動學法則「$\beta=s/g$」的公式試著解釋馬克思理論，主要是用來檢討成長率為零，或是幾近為零的特殊案例。

馬克思的參考數據十分不完整，與二十世紀後半類似「結構成長能帶動生產力的持續提升」理論並沒有固定公式，無法驗證。因此，必須用產業資本累積來計算產出成長。

如果結構沒有跟著改變、成長，在生產力與人口成長率為零的情況下，就很可能會出現類似馬克思學說的矛盾。

假設儲蓄率 s 為正數、而數值很大（生活水準已經很高，因此除了存起來沒有其他用途），每年資本累積不斷增加，「資本/所得比」的β也會無限增加。

也就是說，g 如果趨近於零的話，則長期的「$\beta=s/g$」會趨近無限大，而β則是極大化，資本報酬率 r 則會趨近於零。

若非如此，則資本所得份額（$\alpha=r\times\beta$）終會被國民所得吞噬。

這也是資產階級為什麼最終並未走向末日的原因。

資產階級並未走向末日

卡爾・馬克思（Karl Marx）（1818～1883年）

出生於普魯士王國（現德國）的思想家，也是一名經濟學者。1845年脫離普魯士國籍後成爲無國籍人士，1848年移至英國定居。後與好友恩格斯（Friedrich Engels）一起建立了科學社會主義（馬克思主義）。資本主義崩壞，勞工們必須掀起共產主義革命。主要著作：「共產黨宣言」（1848年與恩格斯共著）、「剩餘價值理論」（1863年），以及「資本論」（1867年）等。

勞工們，團結吧！

「馬克思爲資本主義否定派」VS「皮凱提爲資本主義肯定與修正派」

馬克思如果有足夠的數據資料的話，應會有更正確的學術理論。
爲了平衡資本累積的過程，則結構也必須跟著改變。但馬克思並未提到此點，爲其論點不足之處。

45「科技變化無常」是什麼—科技無極限也沒有準則

第二次世界大戰後的數十年間，人們所重視的不再是傳統的資本概念（指土地、建物、金融資本等），反而逐漸轉變為人力資本。

但皮凱提認為：「基於經濟、科技面的邏輯，發展的成長未必符合民主和能力主義所追求的進步」。理由很簡單，「技術與市場相同，並沒有所謂的極限與準則」。

或許倒不如說，因為政治才是改變資本與資本所得流量的核心力量。

很明顯地，科技的進步確實成為能夠提升人類的技術與能力的重要性。

除此之外，舉凡建築物、住宅、辦公室、各種設備、專利等的重要性也隨之提升，使得這些非人事資產（不動產、企業資本、工業資本、金融資本）的總價值成長速度，與勞動所產出的總價值幾乎是相等的。

因此皮凱提特別指出，單純只依靠「科技的變化」是不夠的。

確實，科技所帶來的生產力提升與知識普及使得現代經濟成長能夠避開馬克斯所說的末日預言，資本累積也有均富的可能性。

不過皮凱提強調，光靠科技進步還是無法根本解決資本深層結構的差異。

全球的「資本／所得比」（1870 ～ 2100 年）

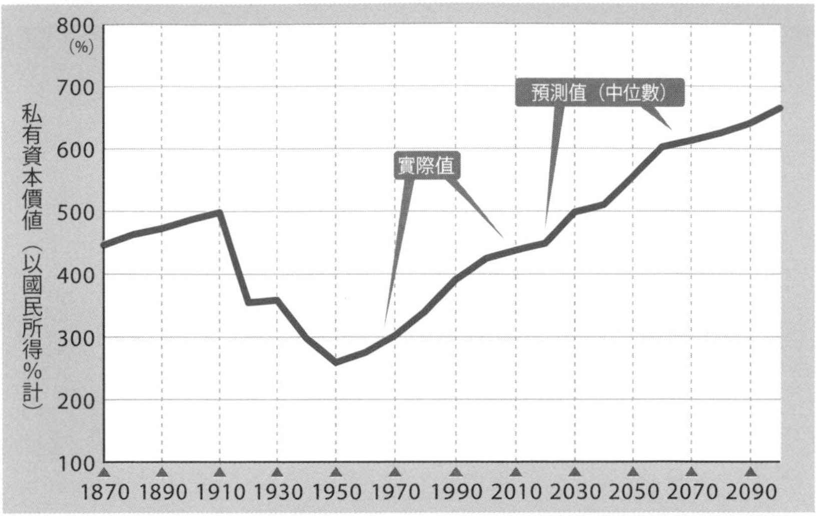
800
(%)
700
600
500
400
300
200
100
私有資本價值（以國民所得%計）
1870 1890 1910 1930 1950 1970 1990 2010 2030 2050 2070 2090
實際值
預測值（中位數）

資料來源：http://piketty.pse.ens.fr/capital21c

第二次世界大戰後的數十年間

資本所得 ＜ 勞動所得

科技進步？

從政策面切入才有可能改變資本與資本所得流量，這才是解決問題的核心。
只依靠科技變化是不行的。

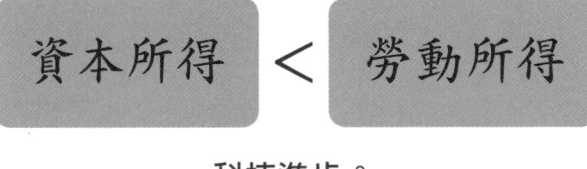

Column 3

※ 資本與勞動所得間的分配不平均就是造成貧富衝突的最大原因。

※ 如果只關注勞動份額，卻不從歷史發展來理解資本變化是不夠的。

※ 分析資本的總存量與年間所得流量的比率，就能找出貧富差距的關鍵問題所在。

※ 富裕國家在某種層面上獲得了雙重所得，這部分所得就是由貧窮國家承擔，因此會變得更加貧窮。

※ 要抑制貧富差距擴大，只能從知識教育普及來提升生產力這個面向著手。

※ 經濟成長實際應從「人口增加」和「人均產出的成長」兩個面向來考慮會比較周全。

※ 即使只有1％的經濟成長率，若是「累積成長」，最終也能成就極大的成長率。

Chapter

4

貧富差距會持續擴大？

46 巴爾札克「高老頭」——沃德林的教誨

皮凱提參考巴爾札克的「高老頭」這本社會寫實小說，書中詳細描寫十九世紀初貧富差距嚴重蔓延的情況，也真實表現出法國當時的社會狀況。

高老頭是一位精明的麵粉商，他將他的全部財產跟心力都用於兩個親生女兒身上，供應她們能夠生活於巴黎的上流社會中，使其能嫁入名門，而自己卻困苦地生活在簡陋的公寓內。

然而，女兒們卻視貧窮的高老頭如敝屣。在這簡陋的宿舍中，高老頭遇見了從鄉下到巴黎學法律的潦倒貴族拉斯蒂涅。拉斯蒂涅靠著家裡的幫助，能夠出入高級的沙龍，並與曾嫁給銀行家的高老頭之女有了一段戀情，而銀行家因投機炒作失利輸掉妻子的財產。

高老頭的女兒最終拋棄父親，連父親的葬禮都沒有出現，金錢支配社交圈的狀況由此可見一斑。

此後，在宿舍出現了有前科的沃德林，其對於拉斯蒂涅的一段說教場景，反映當時社會陰鬱以及不平等的現象，社會結構顯而易見。

也就是說，在當時如高老頭以及拉斯蒂涅等人，因為努力唸書、工作才有機會在社會上占有一席之地，但卻仍然比不上不事生產、仰賴收租而活的富人。

這說明在法律界即使努力出人頭地也不代表能有高收入，還不如與富裕貴族結婚的女兒們來得效率高。

巴爾札克在該書中栩栩如生地描繪出了十九世紀初期貧富不均的社會現象。

沃德林提議中的投機取巧之處？

與其辛苦做法官，30 歲年收也只有 1200 法郎，還不如跟維多琳結婚算了。

那女的父親很有錢的，只要殺了她同父異母的哥哥，並獲得她父親的認可，你就能繼承約 100 萬法郎的遺產。每年如果有 5% 的資本報酬率，20 歲年收就約有 5 萬法郎！

那個……
不太好吧……

只要給錢，我就可以幫你辦好這件事喔！

年輕貧窮的沒落貴族拉斯蒂涅　　不懷好意有前科的沃德林

這就是 19 世紀法國社會的真實狀況

18 ～ 19 世紀的英國約略也是相同情形

19 世紀的法國，所得與財富不均的情況嚴重，最上層階級的生活水準遠遠超出勞動階級薪資所能達到的範圍　。

感覺工作是個愚蠢的行爲，道德更是無聊情操。

只靠勤奮工作永遠也無法達到富裕舒適的生活水準，還不如靠遺產或是由繼承所得到的利益來得有效率。

47「資本分配」經常比「勞動分配」更不平均

皮凱提強調，資本所得的分配不均比勞動所得的分配不均差異更大。

這是不管時空為何都毫無例外的現實狀況。

勞動所得占前10％的階層，通常可獲得全勞動所得的25～30％。令人驚訝的是，後50％的勞動階級，也能夠獲得與前10％相同的勞動所得(也就是25～30％)

那麼資本所得又是怎樣的情形呢？

資本所得在前10％的上級階層，往往擁有約50％以上的財富。反之，後50％的下級階層，則幾乎沒有任何資產（5％以下），其資產僅僅是資本所得前10％的階級的十分之一而已。

勞動所得的分配不均，通常相對穩定且差異性小，但資本所得分配不均的狀況卻嚴重很多。

類似這樣財富集中於某階層的情形，即使以年齡區分來看也與總人口的分布情形相同，因此與其說是年齡層間的貧富不均，實際上應該說這是由於階級的不平等所造成的。

在一九七〇～一九八〇年的北歐，勞動所得實現了最平均的財富分配，其勞動所得前10％階級占總勞動所得的20％左右，中間的40％的勞動者所得約為45％，而後50％則擁有總所得30％左右的份額。

情況大約是前10％上級階層能夠獲得平均薪資2倍的所得，中間的40％階層大約可領到比平均薪資高一點的薪水，而後50％下級階層大約只能拿到平均薪資七成左右的薪水。

資本分配經常比勞動分配更加不平均

資本所得分配	資本所得占整體的比率
前 10%階層	50%以上
中間 40%階層	45～50%
後 50%階層	0～5%以下

分配不均 >

勞動所得分配	勞動所得占整體的比率
前 10%階層	25～30%
中間 40%階層	40～50%
後 50%階層	25～30%

資本所得的分配不均 > **勞動所得的分配不均**

1970～1980 年分配最平均的北歐諸國的情況？

勞動所得分配	占全體勞動所得的比率	
前 10%階層	20%強	➡為平均勞動薪資的 2 倍
中間 40%階層	45%	➡為平均勞動薪資的 1.125 倍
後 50%階層	35%	➡為平均勞動薪資的 7 成

資料來源：http://piketty.pse.ens.fr/capital21c

48 縝密且客觀比較的「上中下」階級分類

皮凱提為了方便區分社會現象，將前10%階層的人列為「上級」、中間40%為「中級」，而後50%則為「下級」的這三個階層。

實際上，中間40%中級階層的所得高於平均收入，也擁有相當高的所得，是比中等還要高的社會分級。

另外，也有特別區分頂端1%的狀況。「占據華爾街的遊行運動就是針對最上層1%階級的抗爭。聽起來好像是抽象的階層概念，但實際上卻可從這1%中感受到非常明顯的貧富差距。」

不過，要注意的是所得階層與資產階層的分布是不一樣的概念。勞動所得前10%階層與資本所得前10%階層意義並不一樣，當然兩者的前1%頂端階層也代表不同的意思。

以前述介紹過的北歐諸國做為具體例子的話，如果平均薪資是每個月兩千歐元，前10%階層的收入大約是四千歐元（頂端1%約為一萬歐元），中間40%可獲得兩千兩百五十歐元，而後50%階層的平均月薪為一千四百歐元。

若以二〇一〇年分配最不均等的美國職場來看，前10%階層可獲得月薪七千歐元（頂端1%則高達兩萬四千歐元），中間40%則可獲得兩千歐元，後50%階層一個月僅有一千歐元而已。

在美國，近半數人口完全處於劣勢。

因此，我們必須從經濟、社會、政治等面向切入，以瞭解為什麼會有如此大的差異。

從勞動所得區分「上級、中級、下級」

皮凱提為了觀察方便，將人口以勞動所得區分階級……

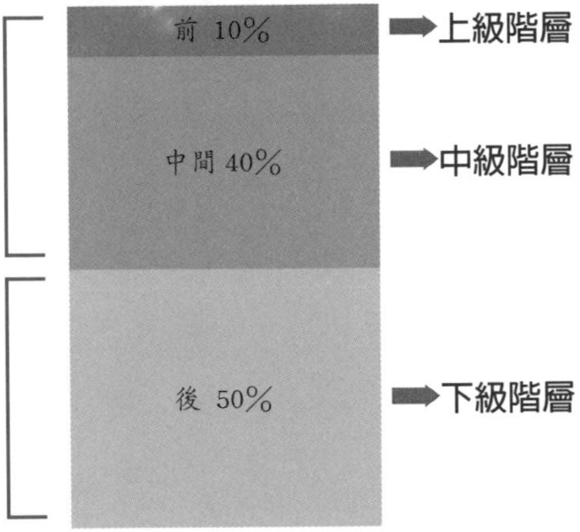

※ 此處不以平均值而是由中位數來決定中間數值。所得與資本由多排列到少，從最中間數值來決定中位數。因爲如果使用平均數的話，一些例外的極大或極少值都會影響平均數，數據較不客觀，因此採用中位數會比較接近實際的狀況。

以平均月薪資兩千歐元來計算的話……

2010 年代的美國

勞動所得	占比
前 10%階層	35%
中間 40％階層	40%
後 50%階層	25%

前 10%階層	7000 歐元／月
中間 40％階層	2000 歐元／月
後 50%階層	1000 歐元／月

※ 頂端的 1% 24000 歐元／月

差距 ＞

1970 ～ 1980 年的北歐諸國

勞動所得	占比
前 10%階層	20%
中間 40％階層	45%
後 50%階層	35%

前 10%階層	4000 歐元／月
中間 40％階層	2250 歐元／月
後 50%階層	1400 歐元／月

※ 頂端的 1% 10000 歐元／月

資料來源：http://piketty.pse.ens.fr/capital21c

49 極端的「資本貧富差距」——即使是最平等的國家，內部資產差異也很大

皮凱提認為，勞動所得在紛爭越多的國家，貧富差異越大，而政治、經濟愈安定的國家則愈小。許多人都有這種迷思吧，但實際上卻並非如此。

與資本所有權分配不均相比，勞動所得的分配不均看起來只是相對安定而已。

應該這麼說，由於資本所有權的分配更加不均的關係，才會有這種相對穩定的現象。

在財富分配最為均等的社會（勞動所得分配也是一樣，是一九七〇～八〇年的北歐）裡，前10%的富裕階級，推測擁有的財產約為50%左右的國家財富。

不過，如果把許多大筆財產不易估算的問題也考量進來，甚至可能達到60%左右。

二〇一〇年至今，幾乎包含歐洲的所有國家（特別是法國、德國、英國、義大利等），前10%的富裕階層擁有國家約60%的資產。

更令人感到衝擊的事實是，這些國家的下層50%的人口，幾乎只有擁有10%的國家資產，甚至大多數還低於5%，可以說幾乎沒有任何資產。

根據美國聯邦儲蓄銀行在二〇一〇～二〇一一年的最新調查資料顯示，前10%階層的人口擁有大約美國總財富72%的比率，後10%階層的人口僅擁有2%而已。

皮凱提也表示，「就我所瞭解的資本所得分配不均的現象，並沒有還算穩定社會的例子存在。」

資本分配的差異很大

歐洲諸國（2010 年左右）

前 10%階層
中間 40%階層
後 50%階層
國家資本
擁有 60%

美國（2010 ～ 2011 年）

前 10%階層
中間 40%階層
後 50%階層
國家資本
擁有 70%

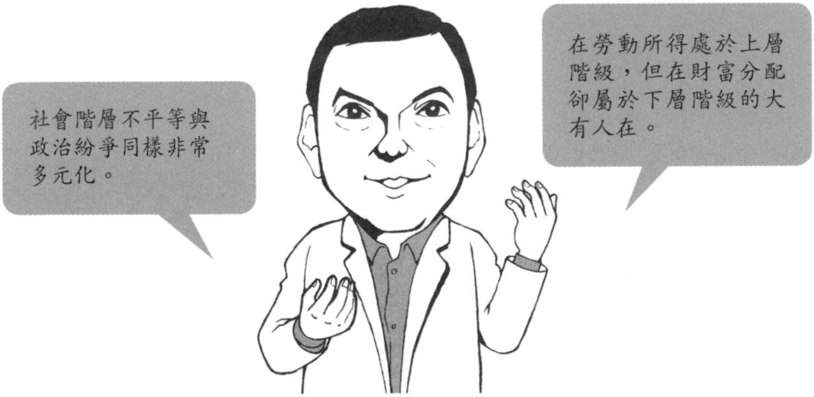
社會階層不平等與政治紛爭同樣非常多元化。
在勞動所得處於上層階級，但在財富分配卻屬於下層階級的大有人在。

50 世襲中產階級的出現──引起財富結構的變化

二十世紀的先進國家，在財富分配方面產生了歷史性的結構變化。

一世紀以前的一九〇〇年左右，歐洲出現了非常極端的資本集中現象，比起現在是有過之而無不及。

前10%的富裕階層擁有幾乎90%的國家資產，最頂端的前1%階層甚至持有高達全國50%的資產。

中間40%的階層最多只占整體5～10%的資產，後50%的階層僅只有5%以下的水平。

皮凱提指出，實際上在當時「財富分布的中間階層幾乎與後50%階層一樣貧窮，因此在當時並不存在所謂的中產階級」。

現今歐洲前10%的富裕階層大約擁有其全國資產的60%，而美國則是70%左右。

另一方面，占全部人口半數以上的下級階層，只擁有大約5%以下的資產，與一個世紀前的狀況幾乎相同，沒有任何改變，還是非常貧窮的狀態。

基本上中產階級（中間的40%）大約擁有三分之一的資產，而在美國則是約持有四分之一左右的資產。

也就是說，在過去前10%階層原本占有90%左右的財富，但現今卻有30%移轉到中產階級，也就產生了結構性的變化。

到了二十世紀，不勞而獲者已經沒落，開始產生了世襲的中產階級，但是貧富不均的現象只是限定性地縮小，也無法保證不會再回到以前那樣的差距。

世襲中產階級的產生

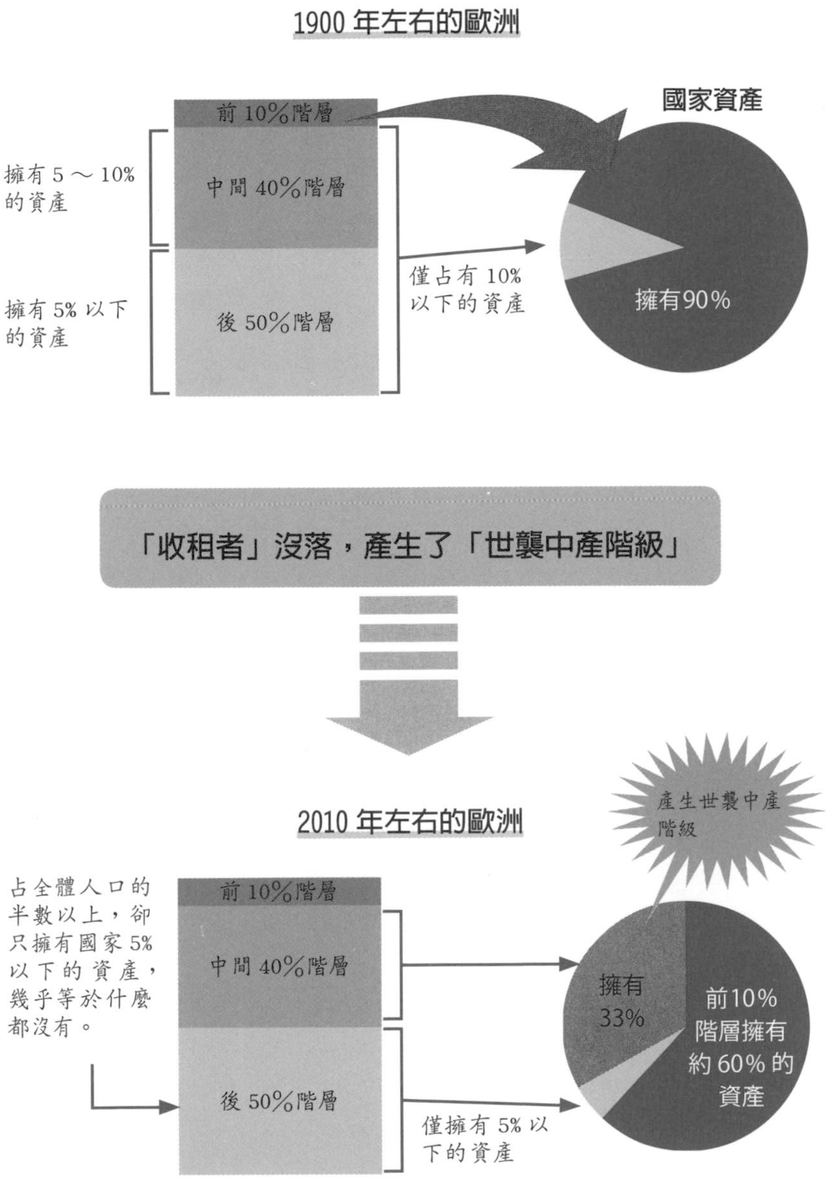
1900 年左右的歐洲
國家資產
前 10%階層
中間 40%階層
後 50%階層
擁有 5～10%
的資產
擁有 5% 以下
的資產
僅占有 10%
以下的資產
擁有90%
「收租者」沒落，產生了「世襲中產階級」
2010 年左右的歐洲
產生世襲中產
階級
占全體人口的
半數以上，卻
只擁有國家 5%
以下的資產，
幾乎等於什麼
都沒有。
前 10%階層
中間 40%階層
後 50%階層
擁有
33%
前10%
階層擁有
約 60% 的
資產
僅擁有 5% 以
下的資產

資料來源：http://piketty.pse.ens.fr/capital21c

51 二十世紀法國貧富差距的縮小

一九一四～一九四五年間發生的一連串衝擊事件，對法國來說是一個縮小貧富差距的重要轉捩點。

但皮凱提卻強調，此時的差距縮減並不是因為經濟本身自我調整下自然發生的。

歐洲大陸的其他國家也有類似法國的情況，就連日本也擁有一樣的差距變化型態。

英國與其他歐洲各國的情形不太相同，貧富差距縮小的程度大約是美國與歐洲的中間值。

法國在第一次世界大戰之前，前10%富裕階層的所得約占整體國民所得的45～50%，而現今則約減少到30～35%。

前10%階層的年產出減少了三分之一的比率，因此其餘90%的人則增加了三分之一產出比。經過二十世紀初期的淬煉，貧富差距縮減不少，最頂端階層的資本所得也減少許多，而薪資水準長期來說是呈現穩定的狀態。

二十世紀的法國貧富不均改善的原因是由於收租者的減少，以及高額資本所得階層的崩壞所造成。

經過了兩次的世界大戰、經濟恐慌與通貨膨脹，以及租金和稅制的統一等公共政策（一九一四年導入所得稅制），對政治及經濟面產生了不小的衝擊，因此資本所得分配也連帶受到影響。

上級階層最重要的變化是收租者的沒落，取而代之的是經營階層的崛起，以及混合所得的增加。前10%階層後半多為經營者，其勞動所得約占八成，剩下的二成則多為不動產所得。

法國的所得分配不均（1910 ～ 2010 年）

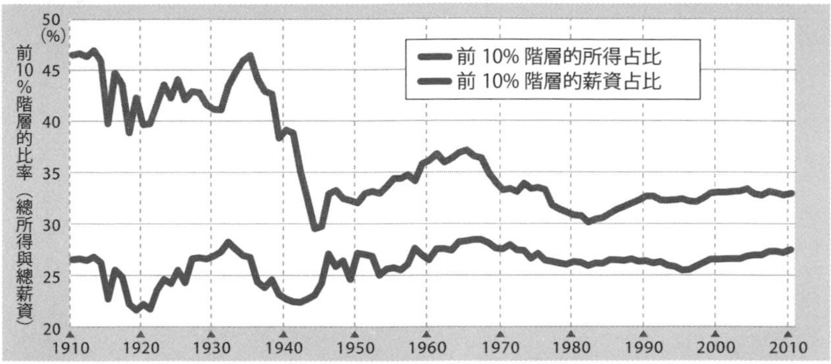

前 1% 收租者階層的沒落（1910 ～ 2010 年）

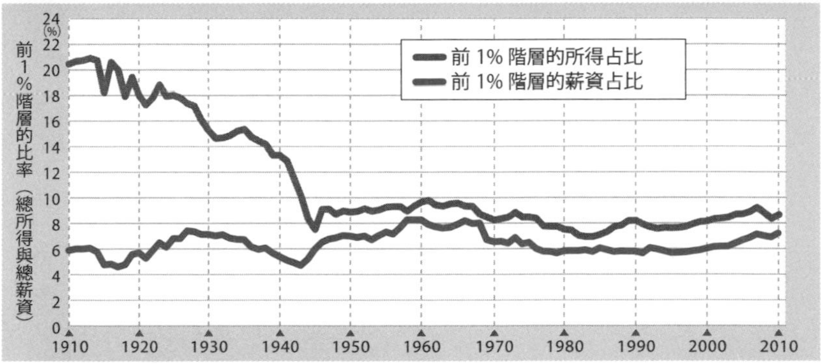

2005 年法國最上級階層的所得結構（前 10% 的結構細項）

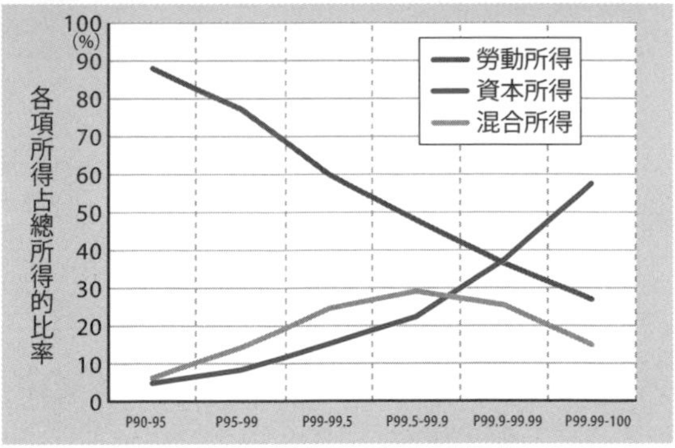

資料來源：http://piketty.pse.ens.fr/capital21c

52 美國貧富差距擴大─由於「超級經理人」的出現

二十世紀貧富差距最顯著的例子就是美國。

一九〇〇～一九一〇年，在美國位於前10%的高所得階層，大約擁有整體國民所得40%的財富，同時期的法國約為45～50%。這樣的差異是因為歐洲的「資本/所得比」較高的緣故，因此資本所得占國民所得的比率也會變得較大。

不過到了一九二〇年，美國所得貧富不均的情況開始急速擴大。

一九二九年華爾街股價暴跌前夜，前10%階層擁有約50%國民所得的財富，比率比當時的歐洲還要高。之後受到經濟大恐慌的衝擊，以及一九三〇～四〇年聯邦政府開始課稅的影響，美國在一九五〇年後貧富不均的現象開始舒緩。

雖然貧富不均的現象在一九五〇～八〇年代時降到最低，卻在一九八〇年以後開始急速擴大。

前10%階層在一九七〇年代約持有30～35%國民所得的占比，到了二〇〇〇年又增加至45～50%。其原因可能是由於自行申報課稅與租稅迴避的機制，而導致此結果產生。

之前曾經提過，這很有可能是因為稅率下降、超級經理人的出現，以及企業經營者們擁有高額報酬所導致的結果。

在二〇〇〇～二〇一〇年間，美國的貧富差距急速擴增。經營階層的高額獎金、各類獎勵、高額配股等都被視為是加速貧富差距的主要原因！

美國與歐洲前 10% 階層的所得比率（1900 ～ 2010 年）

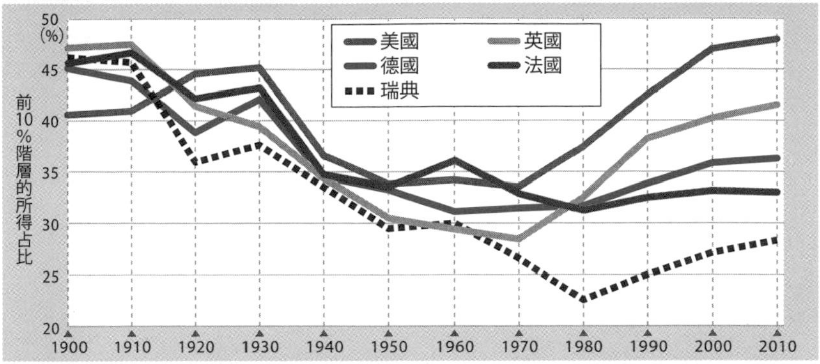

美國前 10% 階層的各項所得占總所得的比率（1910 ～ 2010 年）

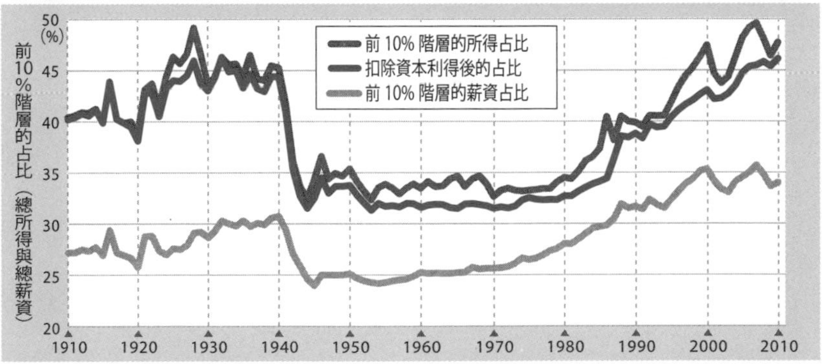

美國前 1% 階層的各項所得占總所得的比率（1910 ～ 2010 年）

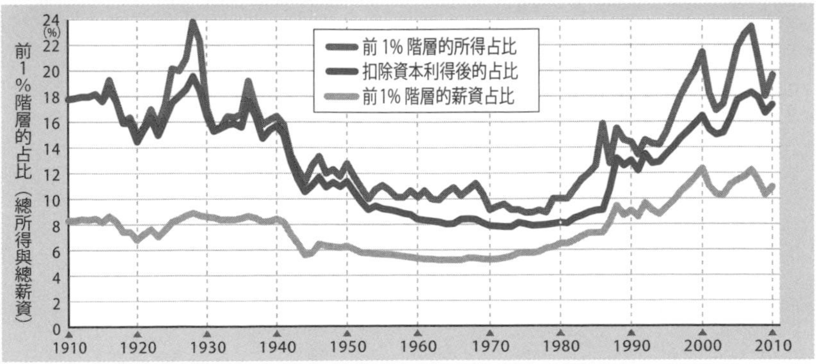

資料來源：http://piketty.pse.ens.fr/capital21c

53 資本所有權的分配不均——法國

不管是法國還是美國，截至目前為止所觀察到的勞動所得分配不均問題，就結構來看即使歷經二十世紀前半葉的許多衝擊事件，還是沒有顯著改善。

也就是說，同時期總所得差距問題急速縮小，是由於資本所得制度崩壞的緣故。

來看看法國資產轉變的過程。

皮凱提指出，觀察十八世紀末的資產分配時發現，法國是唯一歷史數據最完整的國家。

相較於之前對貴族所採取的優遇稅制遭到取消，一七九一年贈與稅及遺產稅開始出現，確立了當時的財產登記制度。

新遺產稅所針對的財產，例如：農地和都市的不動產、現金、公債、社債、股票、其他金融資產、家族遺產、珠寶貴重品等都列為遺產項目計算。不分貴族或平民，財產多寡全都適用新稅制。

因此，為了確保不論對誰都能行使財產權，因此必須做紀錄（一七九一～一九〇一年，遺產稅和贈與稅採用定率約1～2%，但一九〇一年開始針對部分採取累進稅制）。

整個十九世紀，法國都有資本集中的傾向。二十世紀初期，前10%階層的人甚至擁有幾乎全國90%資產的財富了。到了十八世紀後半，資產所有權由於法國大革命的影響，稍微減輕不均的現象。

占人口半數的後50%階層，即便在死亡後也不會留下任何財產，甚至大多數還會留下負債。「高老頭」正是描寫此種社會悲劇的寫實小說。

法國的資產分配不均（1810 ～ 2010 年）

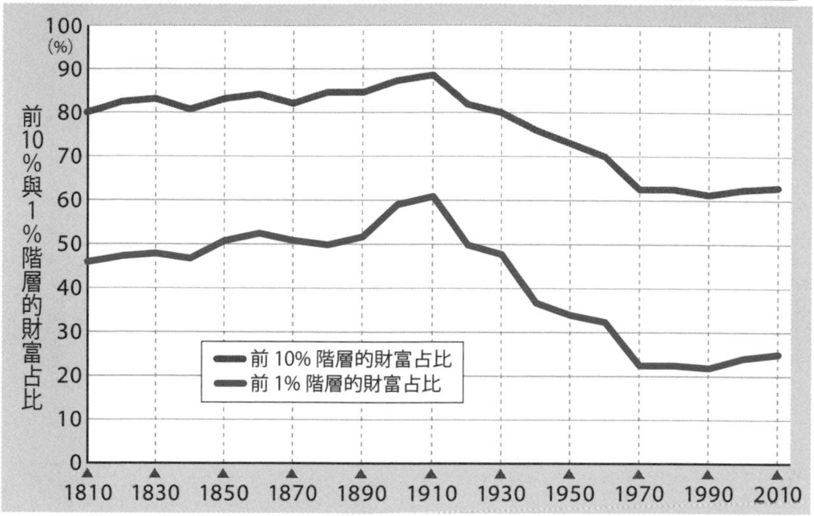

巴黎與全法國的資產分配不均（1810 ～ 2010 年）

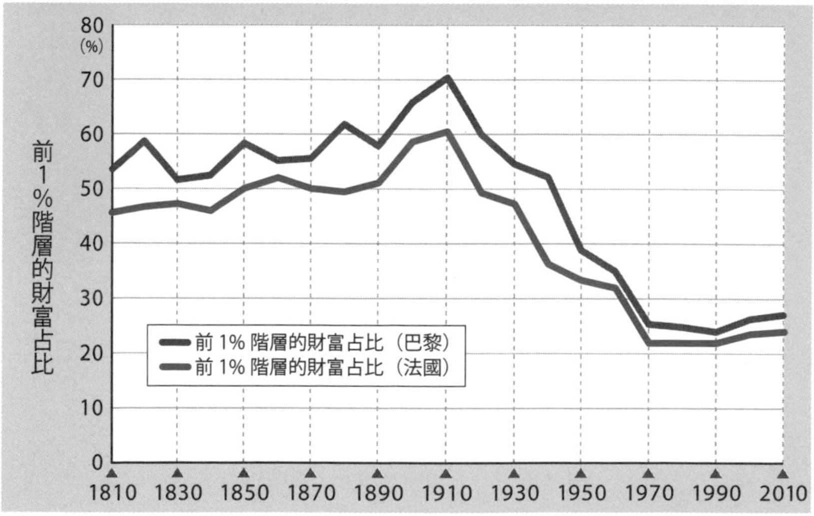

資料來源：http://piketty.pse.ens.fr/capital21c

54 資本所有權的分配不均—歐洲

從十八~十九世紀開始到第一次世界大戰，可以觀察到歐洲的財富非常極端地集中在上層階級。

英國比法國的貧富不均狀況還要更嚴重一點，不均現象的變化也與法國十分相似。

第一次世界大戰前，位居前10%階層的財富占比就已經超過了90%。其中，前1%階層的財富所得占比更是比法國還更多。

接著，再來觀察一下看似均等的瑞典資產分配不均的情況吧。

皮凱提根據一九七〇~一九八〇年的歷史數據，指出瑞典當時的財富集中狀況，在當時的確是資產差距最小的國家。

「雖然分配不均的情況比他國好，但實際的貧富差距還是很大，一九八〇年代開始以後更是呈現快速擴張的趨勢。」

綜觀歐洲歷史，二十世紀初期，瑞典與英、法兩國一樣都有財富集中於上級階層的傾向。

像這樣財富集中的情況，在經歷二十世紀前半期的兩次世界大戰、經濟大恐慌以及稅制改變等，而有減少的趨勢。這段重整期讓擁有農地與國債、財富集中的世襲階層沒落，同時再加上中產階級的出現，前10%階層的財富占比也相對變得較低，造成中間40%的階層擁有約25~30%的資本分配。

不過，這些數據到了一九七〇年代以後，資本貧富差距又開始呈現擴大的傾向。

英國的資產分配不均（1810～2010 年）

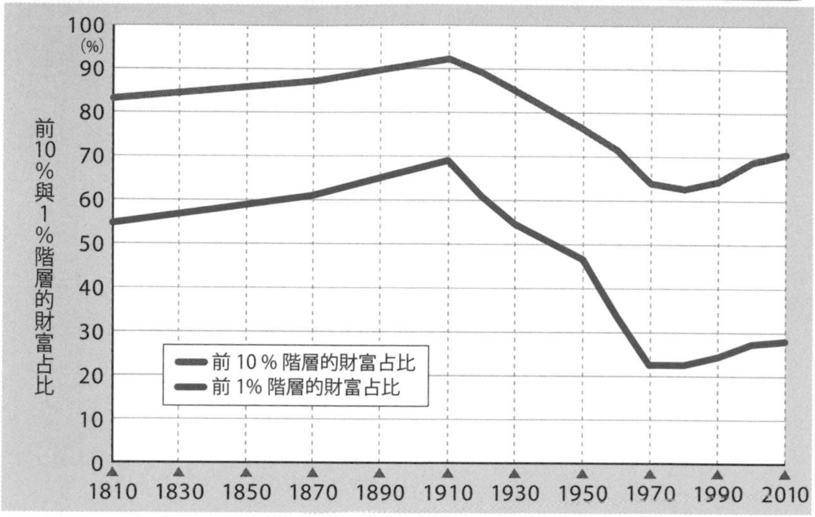

瑞典的資產分配不均（1810～2010 年）

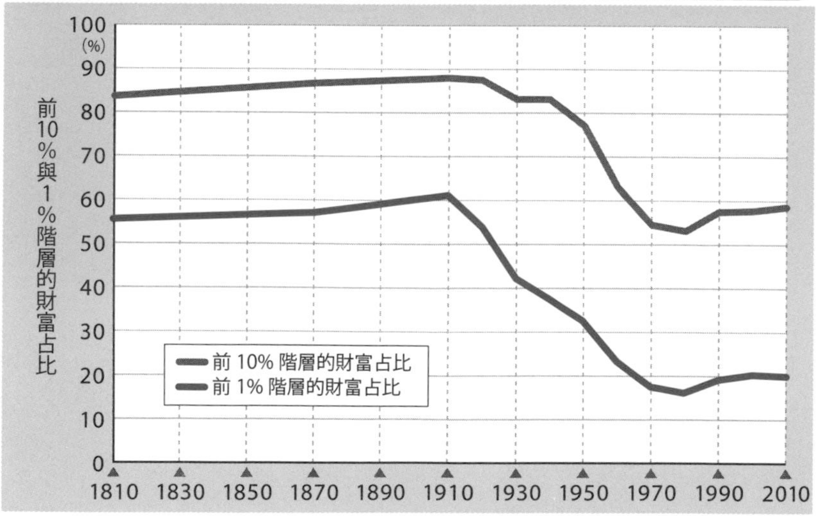

資料來源：http://piketty.pse.ens.fr/capital21c

55 資本所有權的分配不均—美國

美國與歐洲各國財富分配不均的軌跡變化，有著極大的不同點。

一八〇〇年左右，美國的分配不均程度只比一九七〇至一九八〇年的瑞典略高一些。

這是由於當時的美國為一新興國家，大多數的人口是新移民，還沒有龐大的資產，所以想要累積財富必須再經過一段時間才有可能。

但到了十九世紀之後，美國的財富也開始呈現集中狀態；到現在，甚至出現比歐洲的財富分配還要更加不均等的集中狀況。

美國人還視這種不平等為創業的秘訣，並認為是件驕傲的事。甚至還有人批判「歐洲將蘇維埃式的平等主義神聖化了」。

其實在最早的時候，美國稅制情況就與歐洲諸國完全不同。一九一〇～一九二〇年的美國實行了非常高的累進稅率來課徵所得稅，這是因為擁有龐大的財產與當時美國西部拓荒者的開發精神背道而馳，因此才產生了累進稅率制。

現今，美國貧富不均的情況回到了十九世紀初期的水準，甚至比當時還高。

美國在一九一〇～一九五〇年間，財富分配不均的狀況稍有好轉，但也不像歐洲那樣大幅的改善。

這是因為戰爭對歐洲造成的衝擊大過於美國。一九八〇年代後，美國大幅降低所得稅率，結果造成超級經理人的產生，同時也將貧富差距一舉擴大。

美國的資產分配不均（1810～2010年）

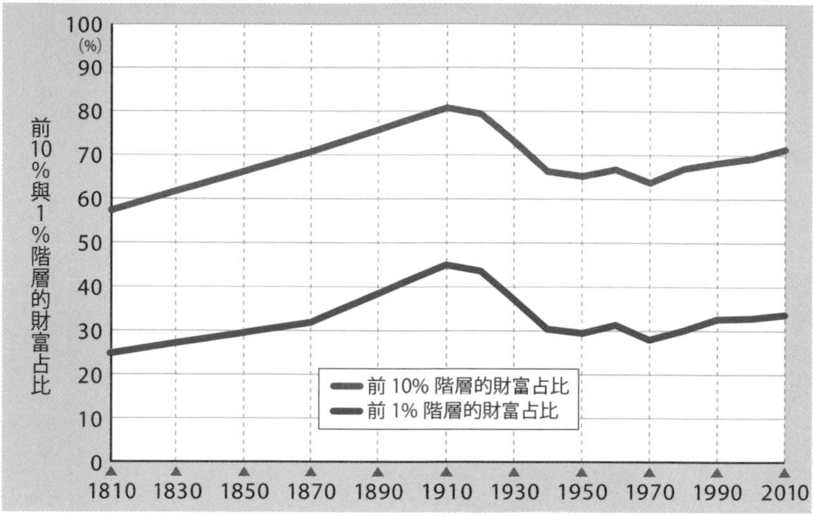

美國與歐洲的資產分配不均（1810～2010年）

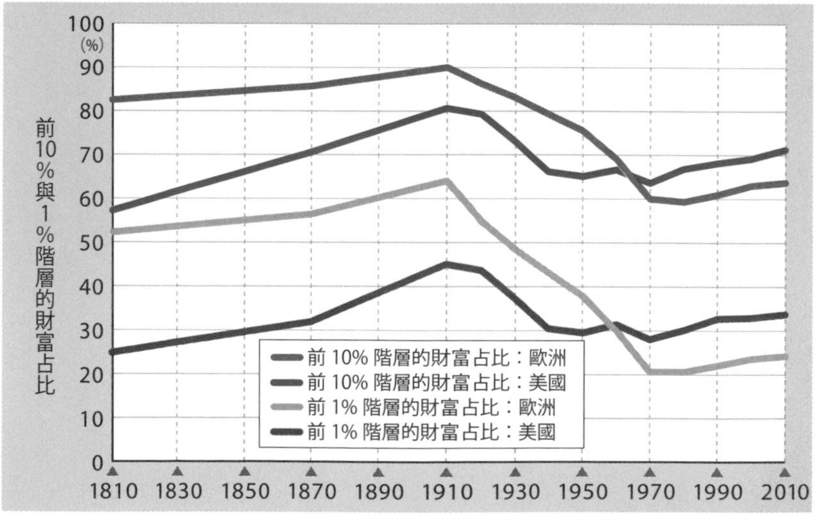

資料來源：http://piketty.pse.ens.fr/capital21c

56 財富分歧機制—歷史上的「r」與「g」

根據歷史資料顯示，歐洲在十九世紀到第一次世界大戰之前的財富較為集中；一九一四～一九四五年間因戰爭與經濟恐慌等衝擊事件影響，貧富差距呈大幅縮減的趨勢。但在此之後又持續回升，貧富不均的現象在結構上並沒有改變。

傳統的農業在第一次世界大戰以前幾乎代表整個社會，此期間財富極端地集中於某些群體。這是因為農業社會的經濟成長率極低，而資本報酬率卻很高的緣故。

分歧機制的運作如下：十八～十九世紀，年成長率約只有0.5～1%左右，資本報酬率約為4～5%，比起經濟成長率高出許多。

更具體說明，即使勞動所得為零，過去累積的資本也可經由資本報酬率來增加財富。

假設g＝1%，r＝5%，若是將資本所得的五分之一拿來儲蓄（其餘的五分之四為消費支出），即可使由繼承獲得的財產與經濟成長維持相同的成長率。如果還能夠增加儲蓄的比例，那麼資產就能夠比經濟成長還更快速地累積增加。

皮凱提認為，「經濟成長實際在人類的歷史中，有很長的一段時間幾近為零。將人口結合經濟成長一起來觀察，從古典時代到十七世紀左右的漫長歷史中，年經濟成長率約不到0.1～0.2%。」（參照40頁圖表）

也就是說，資本報酬率一直是常態性的大於經濟成長率，這是歷史上的事實，也是社會存續的基礎。

並且也因為如此，人類才能開始著手於生產以外的其他活動。

法國的資本報酬率與年經濟成長率（1820 ～ 1913 年）

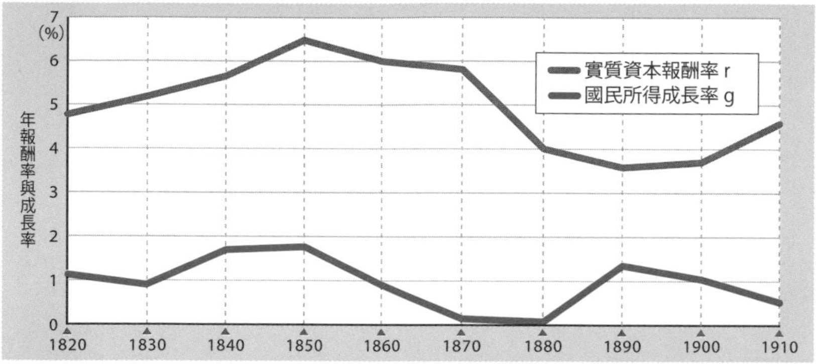

法國的資本所得比率與儲蓄率（1820 ～ 1913 年）

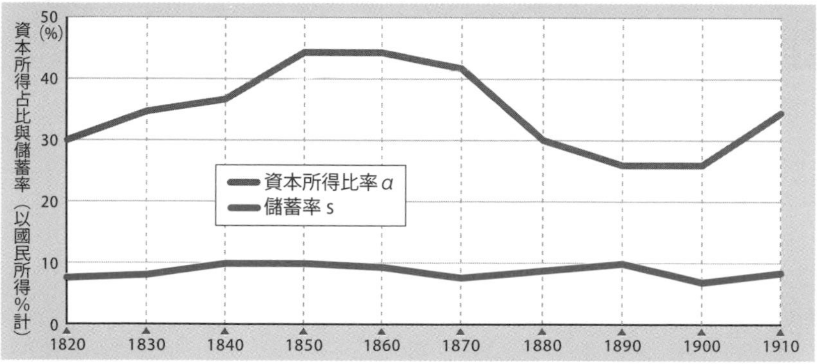

全球稅後資本報酬率及成長率（古典時期～ 2200 年）

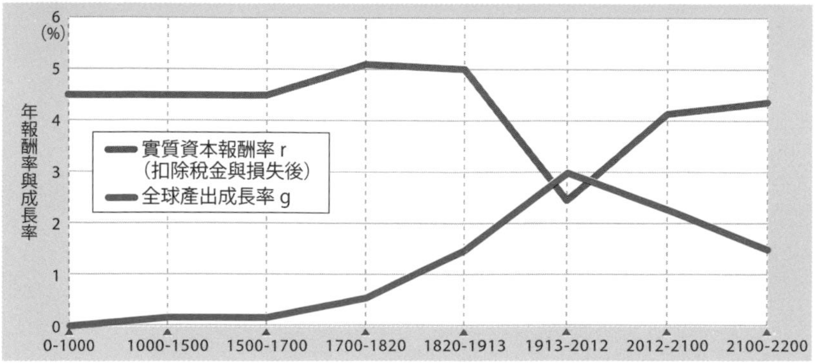

資料來源：http://piketty.pse.ens.fr/capital21c

57 為什麼貧富差距沒有再回到十九世紀的水準？

十八～十九世紀，歐洲各國皆處於貧富不均的極端狀態。不過到了二十世紀中期，前10％階層的財富占比為國家資產的30％，約減少60％，而中間40％階層則擁有約30％的財富占比。

但是，占人口半數以上的後50％階層依舊如昔，沒有變得較富有，還是處於什麼都沒有的情況。

那麼今日又開始的財富集中趨勢，是否可能回到十九世紀不平等的水準呢？

其實，這答案已經非常明顯。

到一九一四年第一次世界大戰為止，財富非常集中於富裕階級，這是因為沒有發生戰爭和其他事件的衝擊以及尚未導入稅制的關係。

直到第一次世界大戰前，資本所得與法人利潤完全不在課稅範圍內。因此，只要透過累積大量的資產或是依靠繼承遺產來獲得龐大的利潤，就可以過著非常富裕的生活。

此外，一九五〇～一九八〇年間，富裕國家的資本所得稅大約是30％左右（近年來，各小國採用低稅制來吸引企業進駐，因此稅率有下滑的趨勢）。

例如：平均30％的資本所得稅，若是稅前有5％的報酬率，在稅後會下降成只有3.5％淨報酬率。

即使只有些微的下降，但對資本的長期累積還是會造成不小的影響。

如果遺產稅採用20～30％的累進稅制，則最頂端的1％階級的資產會受到強烈影響，對於貧富不均的現象最具改善效果。

巴黎市民的資產組合結構（1872～1912年）

年份	不動產（土地、建物、住宅）	巴黎內的不動產	巴黎外的不動產	金融資產	股票	私人債券	公共債券	其他金融資產（現金、存款等）	家具、珠寶等
總資產組合結構（%）									
1872	42	29	13	56	15	19	13	9	2
1912	36	25	11	62	20	19	14	9	3
前1%階層的資產組合結構（%）									
1872	43	30	13	55	16	16	13	10	2
1912	32	22	10	65	24	19	14	8	2
前2～10%階層的資產組合結構（%）									
1872	42	27	15	56	14	22	13	7	2
1912	41	30	12	55	14	18	15	9	3
中間40%階層的資產組合結構（%）									
1872	27	1	26	62	13	25	16	9	11
1912	31	7	24	58	12	14	14	18	10

資料來源：piketty.pse.ens.fr/capital21c

財富集中現象大部分確實在減少，這是由於偶發事件（1914～1945年間的重大衝擊）、針對資本與資本所得課稅等個別制度所造成的結果。
另外還可得出一個結論，近代經濟成長的本質，也就是市場經濟法則具有能夠穩定調和、降低貧富分配不均，這種想法是不切實際的。

58 財產繼承流量的演變──十九世紀為止的社會結構中心

基本上，昔日所說的資本就是土地。

而現在則有產業資本、金融資本、不動產等等。

財富集中的現象雖然不像一世紀以前那樣極端，但到目前為止還是處於不均等的態樣。有半數以上的人口幾乎沒有任何財富，世襲中間階級資產約為30%的國家資產，以往擁有近90%財富的富裕階層，如今也還有約60%左右的資產。

皮凱提指出，應觀察長期的繼承與儲蓄在資本中的相對變化，才能深入瞭解累積的過程。

資本報酬率持續高於經濟成長率的結果，導致財產繼承必定優於儲蓄，也就是繼承後的財富成長速度比工作累積財富還要快。財產繼承流量是指年遺產總額（含生前贈與）占國民所得的比率。

歷史資料比較完整的法國，十九世紀時的財產繼承流量約占年國民所得的20～25%。

這是相當大的比例，也就是說資本存量幾乎都是從繼承而來。

而讓遺留下龐大債務的巴爾札克非常在意的「遺產繼承」，正是當時社會結構的中心。

繼承與贈與的年流量，在一九一〇～一九五〇年間由五分之一減少至六分之一。一九五〇年的遺產流量則減少到約只占國民所得的4～5%。這之中減少的幅度大約是私有財富減少幅度的2倍以上。到了二〇一〇年，財產繼承流量又回升至大約15%的水準。

法國年財產繼承流量占國民所得的比率（1820 ～ 2010 年）

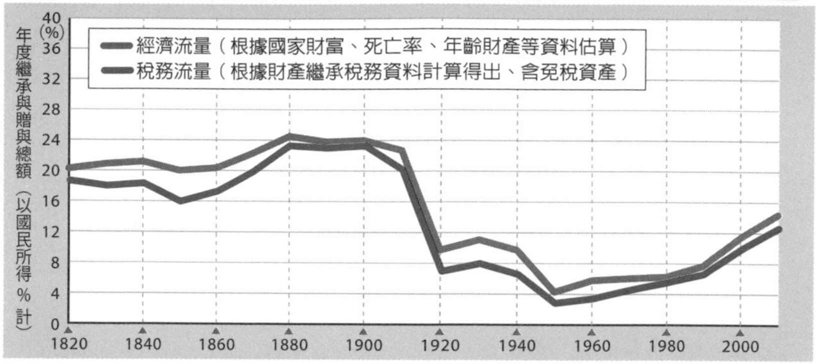

法國繼承與被繼承人的平均年齡（1820 ～ 2100 年）

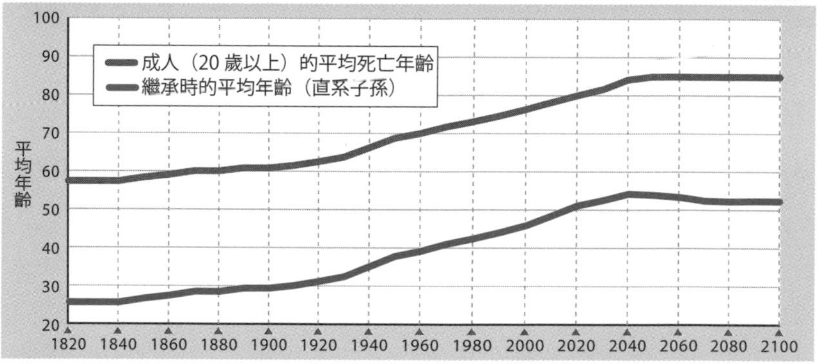

法國的繼承財產流量與死亡率（1820 ～ 2010 年）

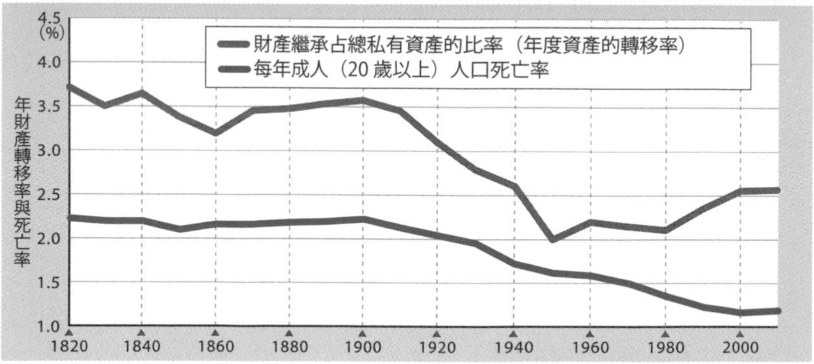

資料來源：http://piketty.pse.ens.fr/capital21c

59 「稅務流量」與「經濟流量」

皮凱提指出，有兩種方法可推算出一個國家的財產繼承流量。

其一是由稅務統計數據中觀察繼承與贈與流量，皮凱提稱之為「稅務流量」。

另外一種是從私有資本存量中著手，由該年度理論上應產生的流量中推算得出，稱之為「經濟流量」。

「經濟流量」的方法，能不依賴稅務資料，因此即使各國稅制不同也不受影響，可觀察較完整的財富轉移實際狀況，是此方法的優點。

以「經濟流量」探討財產繼承流量與其所代表的歷史演變，不管哪種狀況都能從以下三種作用力綜合瞭解。

遺產與贈與的年度經濟流量占國民所得的比率以「by」表示，是三種作用力：資本/所得比的「β」、死亡率「m」、與死亡時平均財富對一般人平均財富的比率「μ」的乘積。

公式為「by＝μ×m×β」

若一社會的財產繼承流量大時，代表可被繼承的私有資產存量也很多，因此β是非常重要的一環。

死亡率m越高的話，財產繼承流量也會相對提高。

如果每個人都長生不老，死亡率就等於零，財產繼承流量也會為零。假使死亡時的平均財產為社會整體財產的2倍，也就是「μ＝2」（β＝6、m＝2%），則財產繼承流量就是國民所得的24%。

繼承與贈與的年度經濟流量占國民所得的比率

$$by = \mu \times m \times \beta$$

by ＝ 繼承與贈與的年度經濟流量占國民所得的比率
μ ＝ 死亡時的平均財富相對於一般人平均財富的比率
m ＝ 死亡率
β ＝「資本 / 所得比」

法國人死亡時平均財富占一般人平均財富的比率(1820 ～ 2010 年)

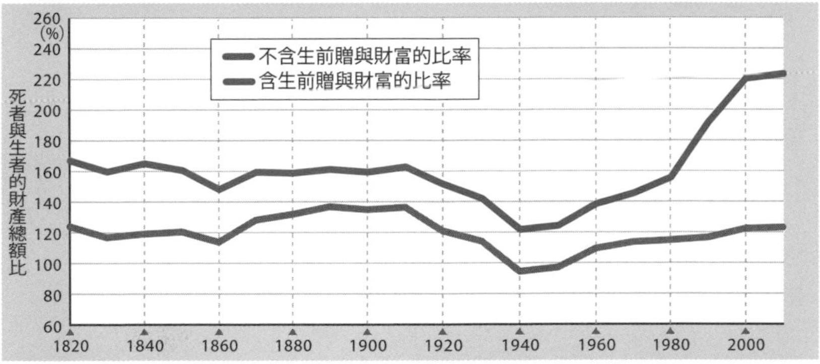
260
(%)
240
220
200
180
160
140
120
100
80
60
死者與生者的財產總額比
不含生前贈與財富的比率
含生前贈與財富的比率
1820
1840
1860
1880
1900
1920
1940
1960
1980
2000

法國的年齡與資產─相對於 50 ～ 59 歲的平均財富比 (%)

年份	20-29 歲	30-39 歲	40-49 歲	50-59 歲	60-69 歲	70-79 歲	80 歲以上
1820	29	37	47	100	134	148	153
1850	28	37	52	100	128	144	142
1880	30	39	61	100	148	166	220
1902	26	57	65	100	172	176	238
1912	23	54	72	100	158	178	257
1931	22	59	77	100	123	137	143
1947	23	52	77	100	99	76	62
1960	28	52	74	100	110	101	87
1984	19	55	83	100	118	113	105
2000	19	46	66	100	122	121	118
2010	25	42	74	100	111	106	134

資料來源：http://piketty.pse.ens.fr/capital21c

60 藉由繼承遺產而復活——拉斯蒂涅的左右為難

昔日農耕社會是所謂的嫡長子繼承制（英國長子繼承制、法國舊制度時期的長子繼承制）。在經過法國大革命之後，法律修正為兄弟姊妹間可以均等分配繼承的制度。不過在二十世紀初期，這些改變對財富集中的不平等狀況只有些微的影響而已。

此外，平均壽命從60歲延長到80歲，這個改變又是如何影響財產繼承制度的變化呢？

資產高齡化代表財富雖然增加，但是繼承人的平均年齡也隨之提高。不過，法律上卻可以透過生前贈與使之抵銷。從過去的數十年間，即可觀察出生前贈與的比率比過去提高許多。高齡者的財產增加，可由不等式「r>g」計算出其累積成長。

唯一的例外是一九一四～一九四五年間，因戰亂導致資本的崩解和經濟的恐慌。這段期間，平均死亡時的財富金額，是史上第一次比一般人平均財富來得低的時期。因為若是一九四〇年60歲的資產擁有者失去所有財產，就沒有再回復財產的能力；到了一九五〇～一九六〇年，也已是70～80歲的高齡，只能孑然一身的死去吧。

不過，對於在一九四〇年才30歲左右的人們，戰後到70～80歲死亡還有很長的時間可以累積財富，因此應當還是可以留下遺產才是。

此外，在一九四〇～一九五〇年代出生的人，應該是史上無遺產可繼承特殊世代，必須要努力工作，才能獲得高收入。

皮凱提將此稱為拉斯蒂涅的左右為難。

法國的繼承財富占總財富的比率（1850～2100年）

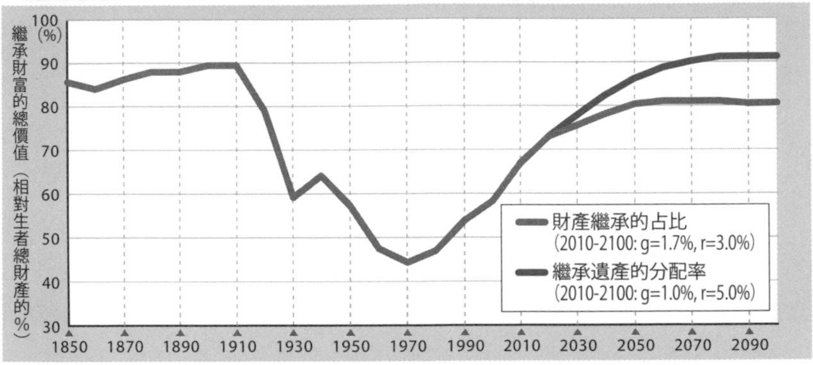

100 (%)
90
80
70
60
50
40
30
繼承財富的總價值（相對生者總財產的%）
財產繼承的占比
(2010-2100: g=1.7%, r=3.0%)
繼承遺產的分配率
(2010-2100: g=1.0%, r=5.0%)
1850 1870 1890 1910 1930 1950 1970 1990 2010 2030 2050 2070 2090

法國財產繼承流量相當於家庭可支配所得的比率（1820～2010年）

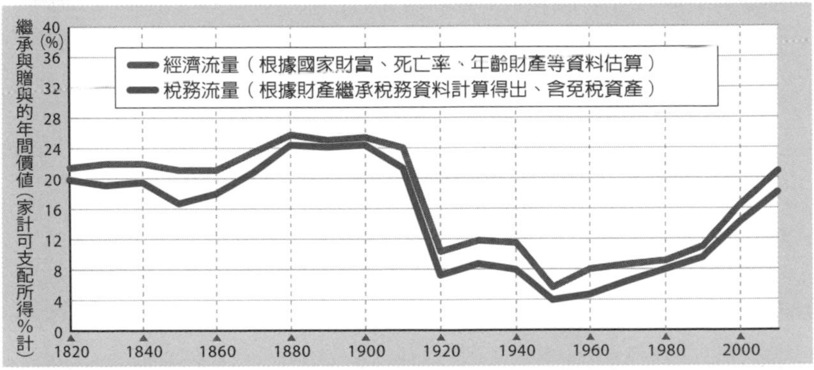

40 (%)
36
32
28
24
20
16
12
8
4
0
繼承與贈與的年間價值（家計可支配所得%計）
經濟流量（根據國家財富、死亡率、年齡財產等資料估算）
稅務流量（根據財產繼承稅務資料計算得出、含免稅資產）
1820 1840 1860 1880 1900 1920 1940 1960 1980 2000

各世代所面臨的拉斯蒂涅的左右爲難（1790～2030年）

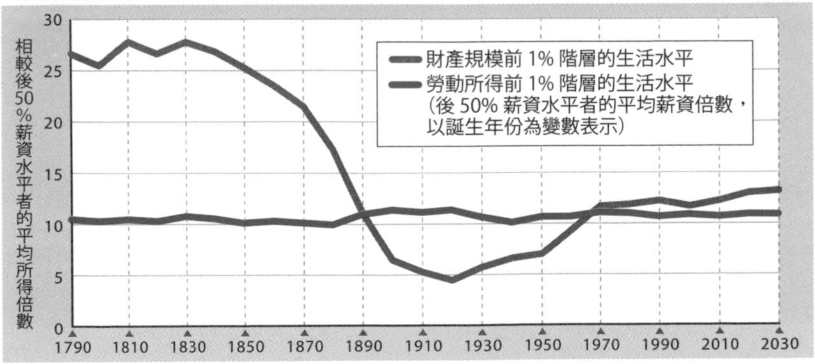

30
25
20
15
10
5
0
相較後50%薪資水平者的平均所得倍數
財產規模前1%階層的生活水平
勞動所得前1%階層的生活水平
(後50%薪資水平者的平均薪資倍數，
以誕生年份為變數表示)
1790 1810 1830 1850 1870 1890 1910 1930 1950 1970 1990 2010 2030

資料來源：http://piketty.pse.ens.fr/capital21c

61 從古典小說看財產分配—巴爾札克與珍．奧斯汀

巴爾札克與珍．奧斯汀小說裡描寫的十八～十九世紀的生活樣貌，可看出當時並沒有通貨膨脹。

那時如果想要過著上流社會舒適的生活，每個月必須要付出多少費用（也就是財產），在小說中都描寫得非常詳細。

兩位作家不管是在物質與精神層面，都高於當時的平均所得30倍以上，實至名歸地屬於當時英、法兩國的前1％階層。

「高老頭」小說中所描寫的老人，一年支出控制在當時的平均所得五百法郎以下（在巴爾扎克看來是非常貧窮的程度）的緣故，只能住在公寓最髒的房間，以粗茶淡飯維生。

他提供兩個女兒各二十五萬法郎，相當於每年兩萬五千法郎的利息報酬，此年收入為當時平均所得的50倍。

巴爾札克在書中又加入了拉斯蒂涅做為緩衝，也就是存在於絕望的貧窮與超高所得之間的模糊地帶。

由於拉提蒂涅是個沒落的鄉下貴族，一年只有三千法郎（當時平均所得的6倍）租金收入，其中的一千兩百法郎為拉斯蒂涅的生活支出（平均所得的2.4倍）。

即便在那個不比現代科技進步的時代，這些費用也是相當高的支出金額。

食衣住行、馬車與養馬、僕人和飼料費用，書籍、樂器、舞會治裝等等全部包含在內的話，估計生活開銷必須得花上平均所得的20～30倍的費用。

古典世襲社會中的財產分布

巴爾札克「高老頭」(18 世紀)

高老頭	拉斯蒂涅	女兒
年收入 500 法郎	年收入 1200 法郎	年收入 25000法郎
(以當時的平均所得來說，等於赤貧狀態。)	(沒落的鄉下貴族)	(富裕)

珍．奧斯汀「理性與感性」(19 世紀)

平均所得	小康	富裕	超富裕
年收入 30 英鎊	年收入 600 英鎊	年收入 2000 英鎊	年收入 4000 英鎊

要長期比較購買力比較困難，但也還是有公式可依循，1800 年的英法兩國中，每人平均購買力大約只有 2010 年的 1/10 而已。
換句話說，1800 年平均所得 20 ～ 30 倍的收入，也只大約等於現代平均所得 2 ～ 3 倍程度的生活水準而已。
1800 年平均所得 5 ～ 10 倍的收入，在今日大概介於最低薪資與平均薪資之間的水準。

62 富裕社會的能力主義——薪資不均正當化

皮凱提指出，法國在拿破崙時代到第一次世界大戰期間，有官階的大臣才是所謂的高所得階級。最有能力的優秀人才擁有與最富裕的繼承人相同的生活水準，在當時被視為是理所當然的事情。以富裕的現代社會來觀察這個狀況，形成的就是「精英主義」的現象。

近幾年，美國的超級經理人領取的超高薪報酬（至少是平均所得的50～100倍）的現象，也是這種精英主義的擁護者。

高額報酬的支持者認為，若非如此，除了繼承大筆遺產之外，沒有其他可以獲得財富的途徑。

皮凱提卻持反對看法：「目前還沒有任何憑據可以證明能力與生產力呈正相關，但卻藉此理論將高額報酬正當化，造成薪資極度不均的情況。」

超級經理人與收租者的競爭，卻要犧牲兩者之外的其他階層才能獲得高額報酬。

現代社會中貧富不均正當化的「能力主義」，也並非只存在於上級階層。中間及下級階層的貧富差距也有這種現象。

一九八〇年代末，曾有人在美國與法國的地方小鎮訪談一些「上流中產階級」的代表。根據這些訪談，也發現自認為「受過高等教育的知識分子們」認為自己的能力與道德皆高於一般人。

富裕社會的「能力主義」
超級經理人
大企業 CEO
由於我的能力卓越的關係，理所當然要有高額報酬！不然怎麼比得上那些繼承大筆遺產的繼承者們呢？
事實上，這些都是無稽之談，也沒有任何實際的證明依據！
中產階級的訪談間也正當化此能力主義！
我受的是最嚴格的教育體系。
在刻苦的教育環境，受多元化的教育。
因爲刻苦耐勞才有今天的地位。
我學習努力與寬容的精神，接受的是高等教育！
現代的能力主義社會，尤其是美國，對於失敗者非常嚴苛。
以正義、美德、能力來強調自己的優越性，將不合理的行爲正當化。

63 小收租者社會的到來！

根據皮凱提的估算，對一九七〇年代以後出生的嬰兒潮（特定期間內出生的集團）來說的「繼承」，大約占遺產與勞動兩者得出的終身總資產的25%。

如果經濟成長率低且投資報酬率高的情況一直持續下去，則二十一世紀嬰兒潮的繼承有可能提升至終身總資產的30～40%左右。

當然，繼承的總額雖然提升到了與過去差不多的程度，但財富的內容卻大相逕庭。

昔日，前1%階層擁有約60%的財富，現在約減少至20%，前10%階層約占有90%左右的財富比率，如今也減少至60%左右，而新興中產階級則占30～40%左右的比率。

光仰賴利息報酬的生活雖然有些緊迫，但繼承相當金額的「輕收租者」也在持續增加中。

現代文學常藉由描寫專業、薪資、與技能的差異度來表示現代社會貧富不均的現象。

也就是說，教育造成的差異性非常大。

這種教育資源的差異，即使能讓一般人順利躋身上流社會，也不能證明教育能增加社會階層的流動性。

甚至可以說「繼承所造成的分配不均」現象不會結束，而且與後50%低薪資人口的終身總資產相比，繼承總額只會往更多的趨勢發展，且目前繼承人口潮所占的比率也仍然呈現增加的趨勢。

不同世代有多少比率繼承相當於終身勞務所得（%）

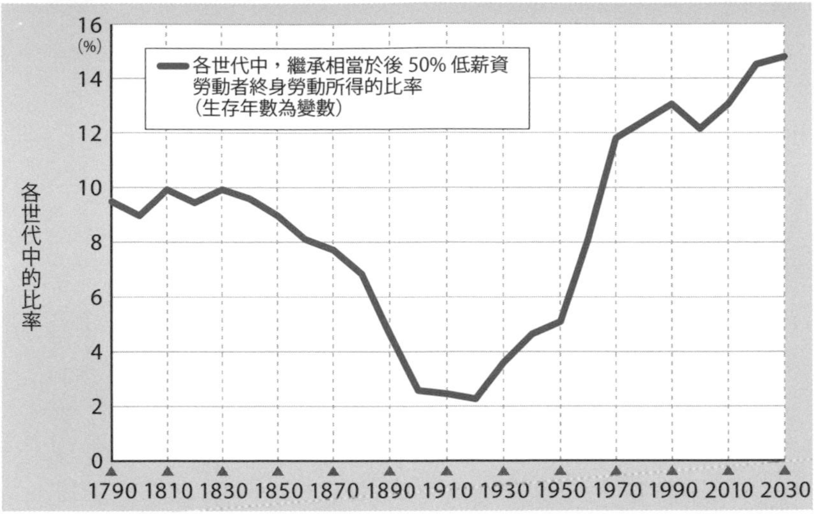
16
(%)
14
12
10
8
6
4
2
0
各世代中的比率
各世代中，繼承相當於後 50% 低薪資勞動者終身勞動所得的比率
（生存年數為變數）
1790 1810 1830 1850 1870 1890 1910 1930 1950 1970 1990 2010 2030

※1970～1980 年間出生的世代，有 12~14% 左右的人口繼承了相當於後 50% 低薪資勞動者的終身勞動所得之金額。

1900～2010 年的歐洲財產繼承流量

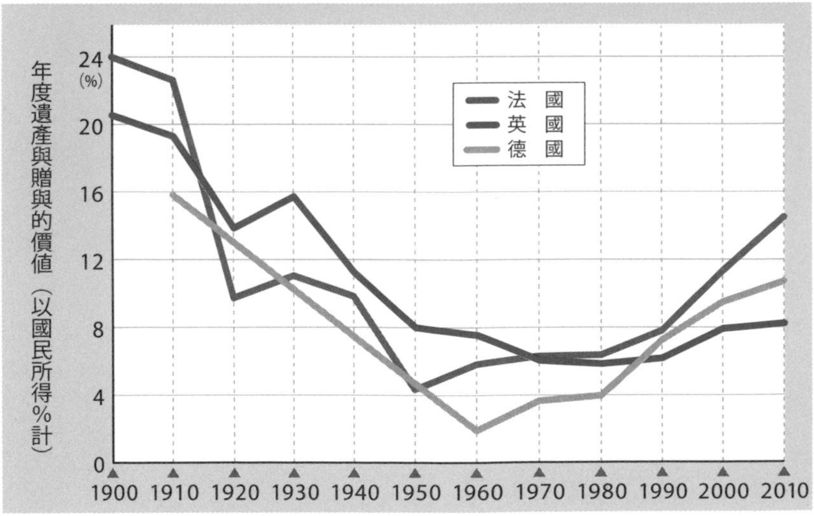
24
(%)
20
16
12
8
4
0
年度遺產與贈與的價值（以國民所得%計）
法 國
英 國
德 國
1900 1910 1920 1930 1940 1950 1960 1970 1980 1990 2000 2010

資料來源：http://piketty.pse.ens.fr/capital21c

64 資本報酬率所造成的全球貧富差異

許多經濟模型認為，對資本所有者而言不論財富多寡資本報酬率均為相等。但皮凱提對此有不同意見。

皮凱提指出「富裕階層與非富裕階層相比，較容易獲得高平均報酬率」。

理由是，如果擁有十億歐元，比起一千萬歐元的人更需要資產管理顧問公司，光是可以聘請這樣規模的顧問公司，就已經屬於一種「規模經濟」了，因此可以創造出更大的財富。

此外，擁有相當金額的準備金，也較能減低風險，能夠拉長風險期、等待景氣復甦。拉長時間對分散風險來說非常重要。

也就是說，如果平均報酬率為4％，富裕階層的報酬率實際可能達到6～7％，而非富裕階層則可能只占有2～3％的報酬率而已。

皮凱提指出，信賴度也有非常大的影響力。例如美國「富比士」雜誌一九八七年所發表的世界富豪排行榜，或瑞士瑞信銀行、美國美林證券公司、安聯保險公司統計出來的全球財富分布等資料中，可看出二〇一〇年的世界財富不均的程度，已經達到與二十世紀初的歐洲不相上下的規模了。

從這些情報看來，全球的富豪階層為此分配不均的主要禍首。

「富比世」雜誌公布的億萬富翁（1987～2013 年）

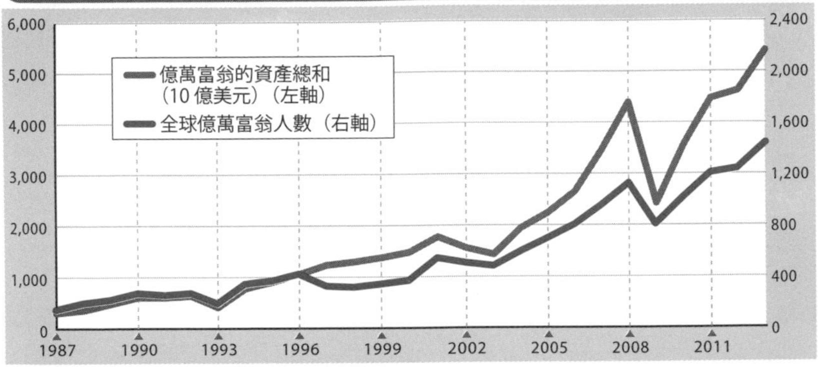

億萬富翁占全球人數與私人資產的比率（1980～2013 年）

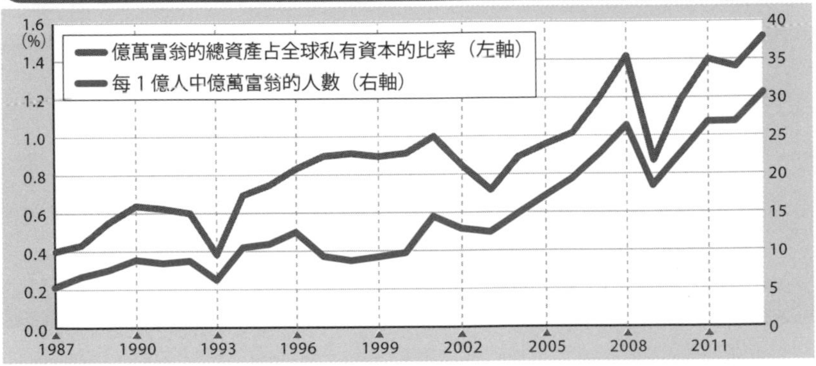

最富有階層在全球財富的占比（1987～2013 年）

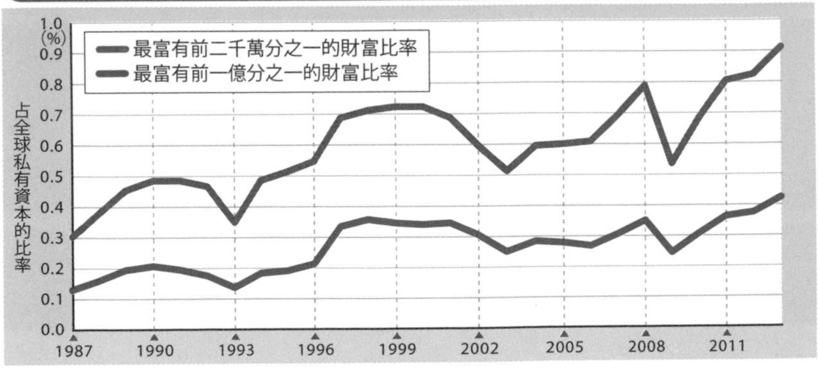

資料來源：http://piketty.pse.ens.fr/capital21c

65 大學基金的純粹收益——資本報酬率不均等的證據

皮凱提指出，欲深入瞭解長期的資本報酬不均的現象，可從美國各大學的校務基金資料著手。

現在，美國大約有八百所以上的公、私立大學都是獨立管理自己的校務基金。

基金的規模從數千到數百億美元都有，總金額排行在最前的大學有：

哈佛大學（二〇一〇年代前半約有三百億美元）

耶魯大學（兩百億美元）

普林斯頓和史丹佛大學等（各約一百五十億美元）

麻省理工學院、哥倫比亞大學（略低於一百億美元）

芝加哥大學、賓州大學等（約有七十億美元）

這八百所大學的基金資產，合計約有四千億美元的規模（平均一所約為五億，中位數約為一億美元）。

由上述資料中皮凱提認為，一九八〇～二〇一〇年間，平均年報酬率有8.2%的高收益。績效好的話，甚至有超過10%的高報酬率，是相當高的收益。

各大學的投資戰略為分門別類以及分散風險，美國和外國股市、私人發行的債券等是它們特別喜好投資項目。另外，基金規模較大的學校的投資戰略為「替代性投資策略」，是一種採取高利潤的投資型態。

哈佛每年約投入一億美元（總基金的0.3%）當作基金管理費用。投資管理者雖然無法保證絕對不會失敗的投資，但基金管理是以獲取最高獲利為最高宗旨。

美國大學校務基金的資本報酬率（1980 ～ 2010 年）

	年平均實際報酬率（扣除膨脹矯正、管理費用和金融費用等的比率%）
全部大學（850 所）	8.2
哈佛、耶魯、普林斯頓大學	10.2
擁有 10 億美元以上基金的大學（60 所）	8.8
擁有 5 ～ 10 億美元基金的大學（66 所）	7.8
擁有 1 ～ 5 億美元基金的大學（226 所）	7.1
擁有不到 1 億美元基金的大學（498 所）	6.2

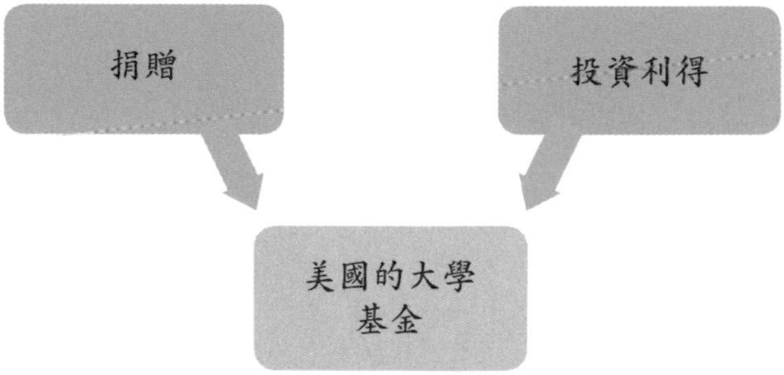

逐漸增加

替代性投資（Alternative Investment）是什麼？

與傳統的債券或股票的投資不同，而是投資非公開股票的商品、不動產、金融衍生產品等。

空頭　期貨　選擇權　掉期

宗旨：高投資報酬率

66 通貨膨脹對資本報酬率的影響

通貨膨脹如何影響資本報酬率呢？

一九八〇年以來，富裕國家的通貨膨脹率大約穩定維持2％的範圍。比二十世紀的物價上漲時的數字還低，不過跟十九世紀到第一次世界大戰時，幾乎零通膨的情形比起來還是很高（新興國家幾乎為5％，屬於超高物價的程度）

皮凱提明確指出，「多數人認為物價上升會使得資本報酬率降低的概念，基本上是錯誤的。」

平均資產價格（不動產與金融證券的平均價格），大致上是與消費者物價指數以相同速度攀升。

假設資本存量為國民所得的6倍（$\beta=6$）、國民所得中的資本所得比率約為30％（$\alpha=30\%$），也就是說平均報酬率為5％（$r=5\%$）的國家，通貨膨脹率由0上升至2％的話，則平均報酬率大約會減少3％的算法是錯的。

這是因為資產價格也會跟著上升2％的緣故。

若不計算資本利得與資本虧損的話，則資本報酬率一樣為5％。

物價上漲是收租者的大敵。只不過僅限於擁有大量現金的人才需要擔心，如果沒有換成紙鈔則只需擔心稅金的問題即可。

物價上漲並不會使得資本報酬率減少，反而有再分配的作用。此再分配的意義會不利於較不富裕的人，已有資本的人反而可得到利益，這是從歷史上觀察到的現象之一。

通貨膨脹對資本報酬率有什麼影響？

$$\alpha = r \times \beta$$ ← 資本報酬分配率

A國　30%＝5% ×6

通貨膨脹率爲 5%，則資產價格也會上升 5%，r=5% 的情況並不會改變。

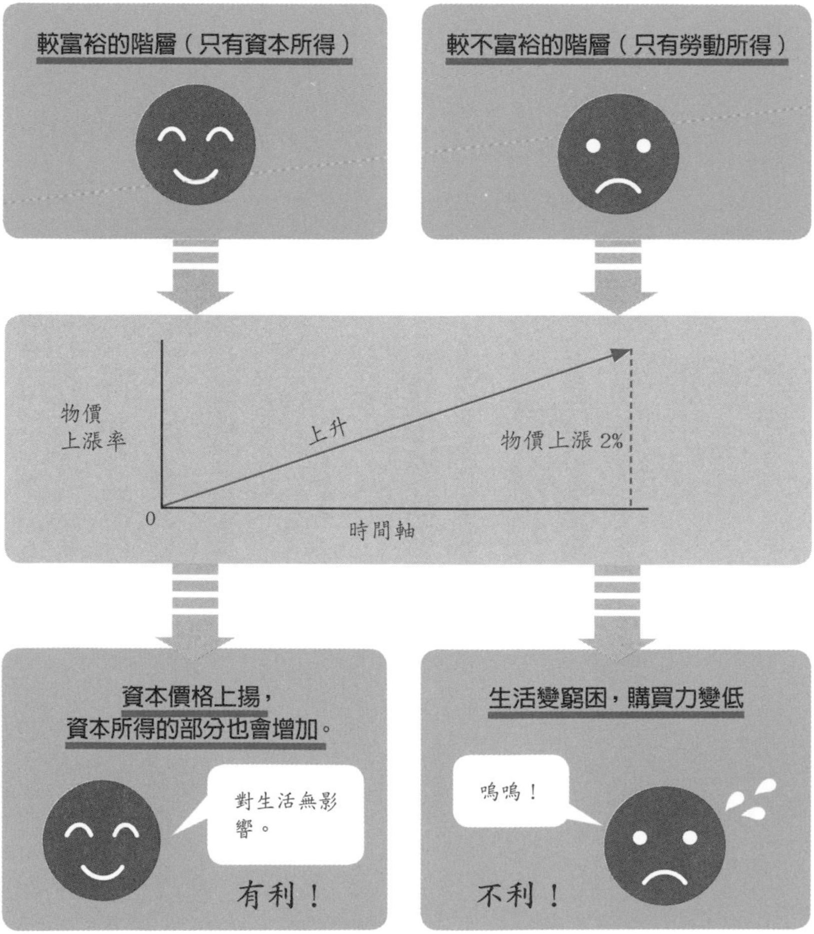
較富裕的階層（只有資本所得）
較不富裕的階層（只有勞動所得）
物價
上漲率
上升
物價上漲 2%
0
時間軸
資本價格上揚，
資本所得的部分也會增加。
對生活無影響。
有利！
生活變窮困，購買力變低
嗚嗚！
不利！

67 主權財富基金是什麼？

主權財富基金（Sovereign Wealth Fund）是一種政府主權基金，以世界規模進行投資。

比較有名的例子，是石油輸出國的主權基金（沙烏地阿拉伯、阿布達比、挪威、科威特、卡達、俄羅斯等）；非石油輸出國家則如中國、香港、新加坡等。在二〇一三年的總投資額高達5.3兆美元（其中約3.2兆為石油輸出國家，非石油輸出國家則約2.1兆）。此數額約相當於「富比士」雜誌中所公布的億萬富翁的總資產額（二〇一三年為5.4兆美元）。此數值約占全球的私有總財產的1.5%，兩者合計也不過是3%，剩下97%的全球資本是其他人的資產，聽到這個消息的人可能會覺得還好，才不過3%而已。

但是事實上，主權財富基金與億萬富翁資產的不同處，在於前者不只是收益的再投資成長，還要再加上石油販賣後的所得。

如果考慮到石油價格未來上升的可能性，則在二〇三〇～二〇四〇年左右，主權財富基金可能會是目前規模的2～3倍左右。如果發生侵占、併吞其他國家石油的現象，就會產生新的爭執。這種慾望與權力的結合可稱為新殖民地主義。

不過比起這個問題，皮凱提更重視寡頭壟斷（Oligopoly）的財富不均擴大問題。

富裕國家財富由本國的億萬富翁者擁有，則全球的成長會緩慢，由資本掌控的國際競爭會更白熱化，今後的r與g值會上升得更快，是目前的一大隱憂。

全球的「資本／所得比」（1870～2100年）

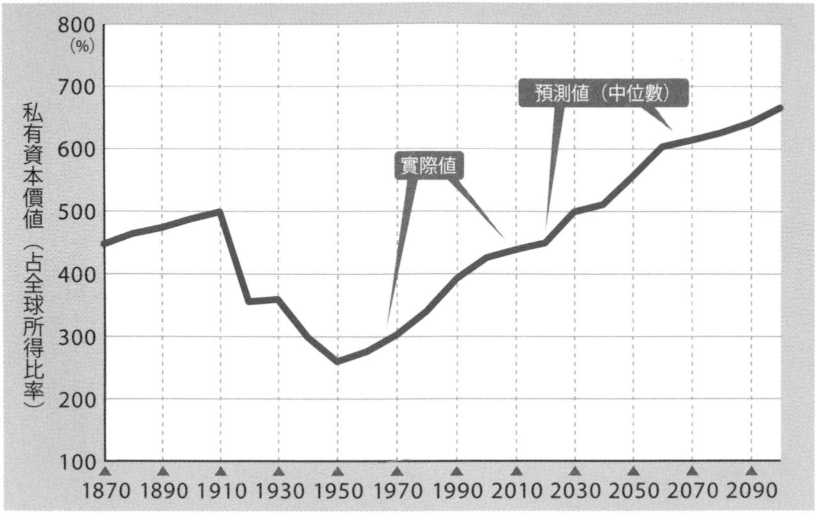
800
(%)
700
600
500
400
300
200
100
私有資本價值（占全球所得比率）
實際值
預測值（中位數）
1870 1890 1910 1930 1950 1970 1990 2010 2030 2050 2070 2090

全球資本分配（1870～2100年）

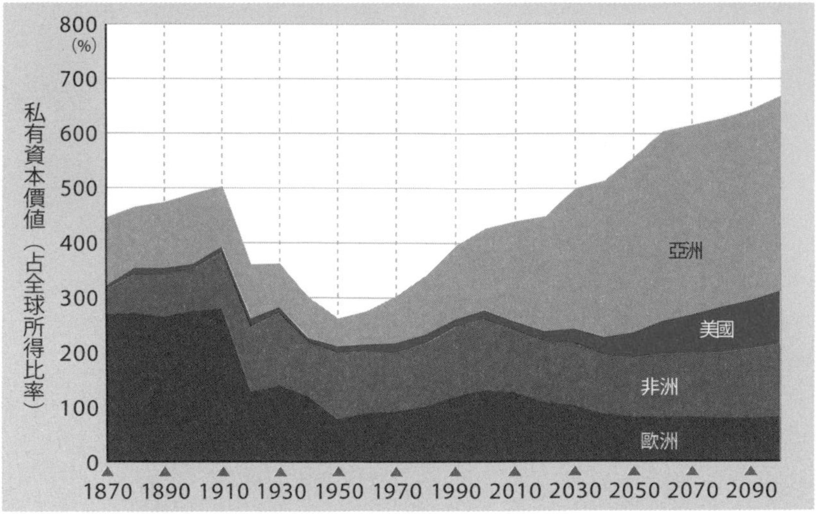
800
(%)
700
600
500
400
300
200
100
0
私有資本價值（占全球所得比率）
亞洲
美國
非洲
歐洲
1870 1890 1910 1930 1950 1970 1990 2010 2030 2050 2070 2090

資料來源：http://piketty.pse.ens.fr/capital21c

68 二十世紀的社會國家產生什麼變化？

二十世紀初，重大的歷史事件暫時消除了過去的貧富差距。不過，好不容易回復正常的貧富不均問題，現在又持續慢慢擴大。

皮凱提認為，研究一國政府在經濟與社會中扮演怎樣的角色，應從該國的總稅收在國民所得中的比率來看。從十九世紀到第一次世界大戰期間，富裕國家的稅收約為國民所得的10%以下，只發揮了國家最基本的機能，例如警察、軍事、外交、行政等。

一九二〇～一九八〇年間，稅收占國民所得約30～35%，一九八〇年以後開始呈現為平移狀態。由於稅收增加，政府在社會中所發揮的機能也開始擴展。

現今社會中，國民所得約25～30%左右的費用可分成「保險、醫療」與「替代、移轉所得」這兩種。

替代所得大部分為年金支出，少部分為失業保險。另外，也有少部分為社會福利金等支出。

現在的「所得再分配」，並非是將富裕階層的所得移轉至貧困階層，而是負擔大眾的公共設施服務費、保健醫療、教育、年金等支出。

此外，不論對哪一個國家來說，教育發展的支出都具有促進社會階級流動性的目的存在。特別是歐洲國家更為明顯，越高等的教育越是由政府負擔大部分的費用。不過，美國卻呈現相反的情況，越高的教育水準越需要付出大筆金額才能就讀。

年金則是採取現金支付的方式，但由於少子化與高齡化現象越發嚴重，也造成了許多問題。

富裕國家的稅收（1870～2010 年）

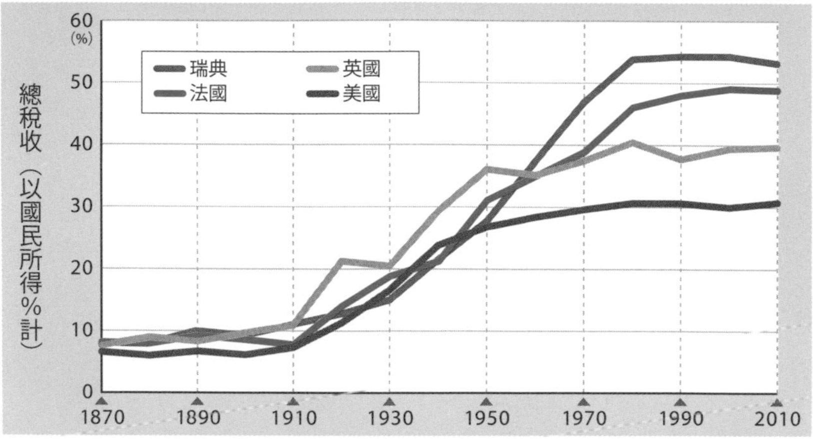

總稅收（以國民所得%計）
60 (%)
50
40
30
20
10
0
瑞典
英國
法國
美國
1870
1890
1910
1930
1950
1970
1990
2010

資料來源：http://piketty.pse.ens.fr/capital21c

幾乎沒有例外，富裕國家在 20 世紀時，稅金從未滿國民所得的 10%，變成幾乎增加至 1/3 的稅金狀態。
由上圖可明顯看出，美國的最高稅率下降的關係，稅收比率從 1980 年代開始維持不變。

年金的運作方式（Pay as you go）是什麼？

年金分爲儲備金以及稅金兩種型態，多數國家採取的是稅金形式。與儲備金不同的是，以現役課稅世代的金額移轉至年金世代的型態，因此如果少子且高齡化的社會，則會產生矛盾且金額不足的現象。

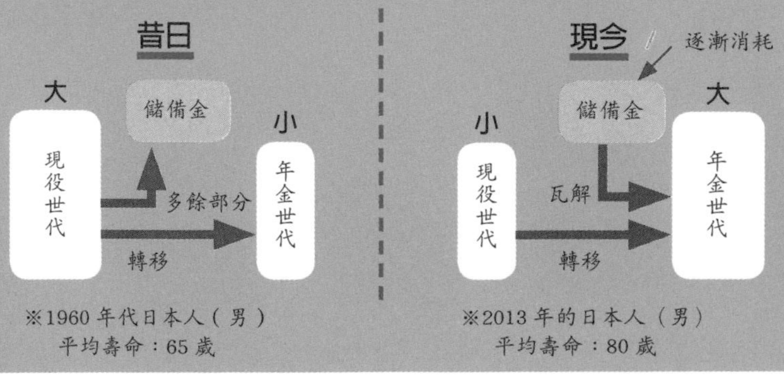

昔日
大
儲備金
小
現役世代
多餘部分
年金世代
轉移
※1960 年代日本人（男）
平均壽命：65 歲
現今
逐漸消耗
儲備金
大
小
現役世代
瓦解
年金世代
轉移
※2013 年的日本人（男）
平均壽命：80 歲

Column 4

※ 與資本所有權分配不均相比，勞動所得的分配不均看起來只是相對安定而已。

※ 美國貧富差距的擴大可能是因爲稅率下降，以及超級經理人的出現，以和企業經營者們擁有高額報酬所導致的結果。

※「經濟成長實際上在人類的歷史中，有很長的一段時間幾近爲零。將人口結合經濟成長來觀察，從古典時代到十七世紀左右悠長歷史裡，年經濟成長率約爲0.1~0.2%以下而已。」

※ 皮凱提指出，應觀察長期的繼承與儲蓄在資本中的相對變化，才能深入瞭解累積的過程。

※ 從稅務流量和經濟流量可推算一個國家的財產繼承流量。

Chapter

5

皮凱提提出的處方箋以及被批判的論點

69 累進所得稅的變遷—歐洲與美國反轉的歷史

皮凱提指出，「二十世紀中的創新之一即為累進所得稅的發明與發展」。

此制度在二十世紀中扮演著減輕財產分配不均的重要角色。不過現今社會，國際間的稅率因全球化競爭下降的影響，此矯正制度的效果變得比較不明顯。稅收大致上可分為三個部分，分別由所得、資本、消費來課徵，另外第四個是社會保障福利金等。替代所得資金也為所得稅的一種，通常是由勞動所得中課徵。

稅制也有幾種類型，如果全民為同一課徵稅率的是「比例稅」，部分課較高稅率的為「累進稅」，另外還有類似消費稅的概念，對非富裕階層的人反而課比較重的稅制稱為「逆進稅」，此稅制完全是政治上恣意決定的一種極端稅。

現代的稅制國家的納稅總額，幾乎都是由個人的所得來按比例課徵。

在很多國家發現，稅金比例在所得上級階層中反而為低稅率。二〇一一年，法國所得後50%的階層被課徵40～45%，中間的40%階層被課徵約45～50%，但前1～5%的階層卻只被課徵了35%的稅金。中間階層為部分累進稅率，但最上層卻是相反。

累進稅如果沒有發揮其效力，未全球化的經濟階層會產生更強烈的不平等性。

由二十世紀初的經濟衝擊事件經驗來看，提高最頂端階層稅率至80%以上的美國與英國，與一九八〇年代後從歐洲開始下調稅率，是導致貧富差距再度擴大的主要原因。

最高所得稅率（1900～2013 年）

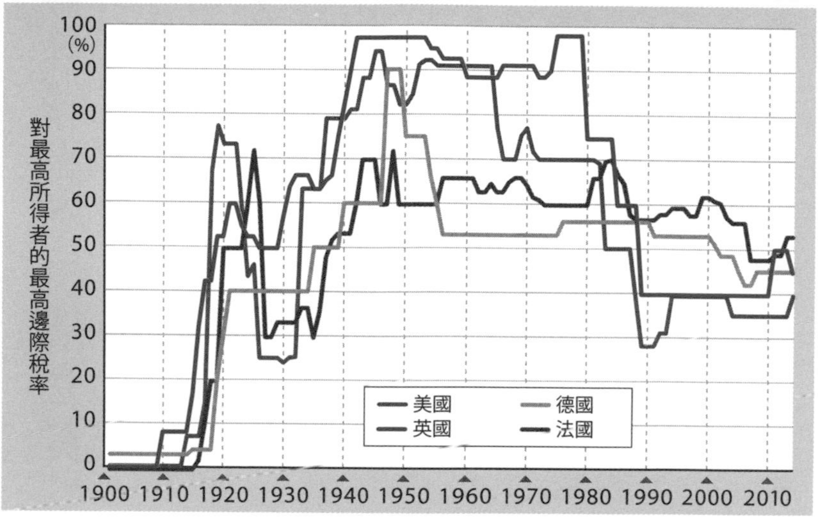
100
(%)
90
80
70
60
50
40
30
20
10
0
對最高所得者的最高邊際稅率
1900 1910 1920 1930 1940 1950 1960 1970 1980 1990 2000 2010
美國
德國
英國
法國

最高繼承稅率（1900～2013 年）

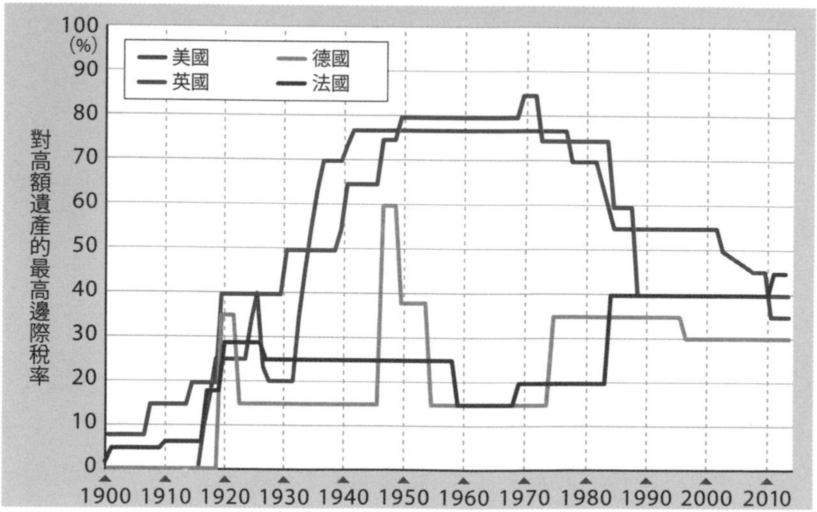
100
(%)
90
80
70
60
50
40
30
20
10
0
對高額遺產的最高邊際稅率
1900 1910 1920 1930 1940 1950 1960 1970 1980 1990 2000 2010
美國
德國
英國
法國

資料來源：http://piketty.pse.ens.fr/capital21c

70 全球資本稅的必要性—累進稅率為重要關鍵

皮凱提認為，二十世紀發明的累進所得稅，並不能完全規範二十一世紀中的全球世襲資本主義情形。

想要制衡二十一世紀的全球金融資本主義，則必須從國際間的資本透明化著手，以達到課徵全球性累進資本稅的效果。如果不實施此制度，則全球資本過度集中的現象就無法紓困。當然皮凱提本身也認為此想法非常不切實際，過於烏托邦的理想主義。

不過，皮凱提認為即使無法全球實施，若能透過地域性的形式導入，也並非全無可能。所得稅在一世紀前也是遭遇到許多挫折才順利實行。

做到國際間的資本透明化與情報共享，才能順利課徵全球累進資本稅。

如果想要維持經濟的開放性，又要有效規範世界經濟，只能經由此種方式，才能使各國間資本統一並公正分配資源。

皮凱提的資本純粹概念，是從全部的金融資產價值與非金融資產價值中扣除掉負債。

稅率在民主制度下應經由民意代表討論後決定，但在皮凱提的想法中，每年淨資產在二十萬歐元以下課徵0.1％稅率，二十至一百萬歐元則課徵約0.5％的資產稅，以替代各國的固定資產稅率的稅金制度。

這樣應該也可遏止非洲資本外流的不良現象，如非洲前領袖攜帶不義之財出國等事件。

皮凱提設計的全球累進資本稅的稅率

淨資產額	累進稅率
500 萬歐元以上	2%
100 ～ 500 萬歐元	1%
100 萬歐元以下	0%

假設只有歐盟會員國採用上述稅率

課徵對象
約為人口的 2.5% ！

可產生約歐盟整體 GDP 2% 的稅收！

不過有可能導致到其他地區躲避課稅的狀況！

即使是超低稅率，但累進課徵資產稅則還是可以有巨額稅收進帳。

假設有 500 萬歐元以上的財產，實際報酬率爲 6 ～ 7% 以上的話，則應課徵 5% 左右的稅率。

其他選項還有……

保護主義

如果大規模且長期施行，則無法使得經濟繁榮，還會導致財富集中於少數人。

資本統一管理

如中國般嚴格管制資本的流入與流出，雖然某種程度上確實有資本管制效果，但是卻不適用民主與法治制度，實際上會造成資本不透明以及政治不安定。

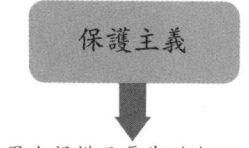

71 公共債務問題——削減公共債務有效的方法是什麼？

政府通常以稅金以及債務的形式來因應支出，而債務的問題在於有返還的義務。

現在，全球的富裕國家幾乎都有債務危機。歷史上甚至還有負債比例比現在更高的國家，如：過去英國有兩次公共債務比兩年國民所得還要高的債務危機，現在則尚有一年左右。

哪些削減債務的方法比較有效？

皮凱提舉了幾個例子：

比如賣掉公共資產用餘償還債務，但未來若需要使用教育、醫療等資源就還要另外租賃使用，容易造成困擾。

或者是對民間資產課徵一次性的特別稅（15%）的話呢？如此一來則可獲得近一年的國民所得，只要一年即可完全付清債務。

但這種債務償還法會使得金融業遭受重大打擊，可能導致連鎖破產效應，並將經濟推向更嚴重的境界，比較無法預測其結果。

皮凱提前項所主張的累進資本稅率就可完全解決這個問題。此方式可課徵得到約GDP 2%的稅收，如果想要一口氣償還近20%的債務，可以提高10倍稅率或分10年來課稅即可。

其他還有像二十世紀的通貨膨脹也可抵銷債務。通貨膨脹率只要上升3%，公共債務的實際價值與GDP比約可降低15%以上。不過依賴通貨膨脹會有其他副作用產生，管理也有其困難之處。

削減公共債務的方法有哪些？

主要歸納出三種方法

資本稅	通貨膨脹	財政緊縮

歐洲各國資本幾乎約爲6年的國民所得！
公共資產的總價值與公共債務幾乎相等，也就是1年的國民所得的，淨公共資產接近零元！
私有資產的總額分爲不動產與金融資產兩部分！

變賣公共資產？	民間課徵特別稅？	通貨膨脹？
⬇	⬇	⬇
不可行！（對現況無改變）	經濟大混亂！	副作用嚴重、且無法管理！

因此才需要！

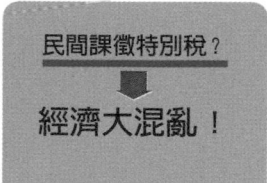

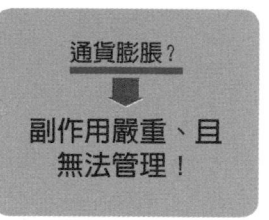

72 中央銀行的角色—最終貸款者

第一次世界大戰以前，由於是金本位制，因此中央銀行的角色較不顯著。

以黃金、白銀為基礎發行貨幣，會受限於金銀礦的存量。過去也曾發生過因金銀的產量突然增加而造成通貨膨脹的案例。

一九二九年經濟大蕭條時期，由於廢除金本位制。工業國家的中央銀行拒絕製造貨幣增加流動性，因此造成連鎖破產的擴大，致使全球金融跌落谷底。

從這個歷史教訓可以發現，中央銀行成為「最終貸款者」(Lender of Last Resort)是確保貨幣流動性的重要角色，此一認知才漸漸廣為人知。

研究貨幣需求理論的傅利曼(Milton Friedman)，從經濟大蕭條著手，認為資本主義經濟安定是由中央銀行訂立「與物價相符的金融政策」，並對根據財政支出制定提升就業機會政策的羅斯福新政提出批判。

皮凱提的看法則是，不論是基於貨幣需求理論、凱因斯學派、或新古典學派，皆認為要突破金融崩壞和通貨緊縮漩渦的關鍵，端看中央銀行這個「最終貸款者」如何對應。

由此共識才使得二〇〇七～二〇〇八年的金融海嘯沒有造成如經濟大蕭條般的悲慘結局。

只不過，中央銀行並非製造財富，而是重新分配財富的地方。其手段則是透過融資來產生國民的金融資產與負債。

因此，皮凱提認為中央銀行的角色與資本課稅是相輔相成的。

中央銀行扮演的角色?

到第一次世界大戰為止…… → 金本位制！有限額地提供貨幣！

1929 年的經濟大蕭條…… → 因應通貨緊縮政策！造成經濟恐慌！

由這些歷史教訓可知中央銀行應該……

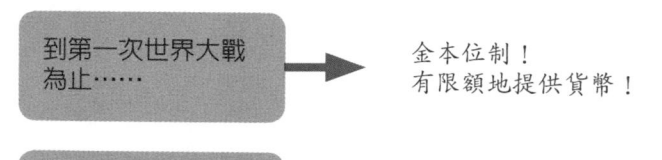

73 由賽普勒斯金融危機得到的教訓——資本稅與銀行應齊心協力

從二〇〇九～二〇一〇年開始，歐洲委員會、歐洲央行（ECB）、國際貨幣基金組織（IMF）面臨了希臘、義大利等歐元導入國的公共債務危機、銀行危機等等的金融問題。

其中，又以二〇一三年三月賽普勒斯的債務危機最值得深入探討。

賽普勒斯由於實施低稅率的關係，吸引大批避稅者進駐，如俄羅斯財團將鉅額資金存入賽國銀行。

賽國銀行又將資金投資希臘的國債與不動產。當希臘國債與不動產暴跌後，歐盟決定有條件地紓困賽普勒斯。針對該銀行的存款戶進行存款課稅，十萬歐元以下課6.75%的稅，超過十萬歐元則課徵9.9%稅金。

乍看雖然很像是累進資本稅的課徵型態，但是連十萬歐元左右存款的存戶也課稅就太過頭了。

可想而知最後的結果是全體國民反對，結果是讓十萬歐元以下的存款免稅。

皮凱提藉由此例提出，累進資本稅並非只是單純的稅金，在大規模銀行危機時也能夠解決金融危機，當作是一次例外性的課徵也非常有用。

不過就現實面來說，對賽國提案的累進稅率太低，且只針對銀行存戶，中央銀行與金融當局並沒有發揮其作用。也就是說，財富再分配的方法，還是必須與金融當局齊心協力才有辦法解決核心問題。

由賽普勒斯金融危機所得到的教訓是什麼？

始於美國

07年 次級房貸風暴！

08年 雷曼兄弟破產！

全球金融危機！

金融機關信用縮減

景氣倒退

各國政府、財政出動、財政惡化！

發現希臘政府做假帳問題！

波及 PIIGS！
（PIIGS＝葡萄牙、愛爾蘭、義大利、希臘、西班牙）

國債暴跌！
利息暴漲！

EU、ECB 緊急事態！
ECB、IMF 緊急融資！

希臘反對緊縮政策，國民上街頭遊行！

2013 年 3 月
危機

賽普勒斯

借款給希臘，造成銀行的金融危機！

向銀行存款戶課存款稅

賽普勒斯的金融問題，在資本課稅這方面顯示了當局還是有其限制。
要正確地再分配資本，必須擁有正確的資料才行。

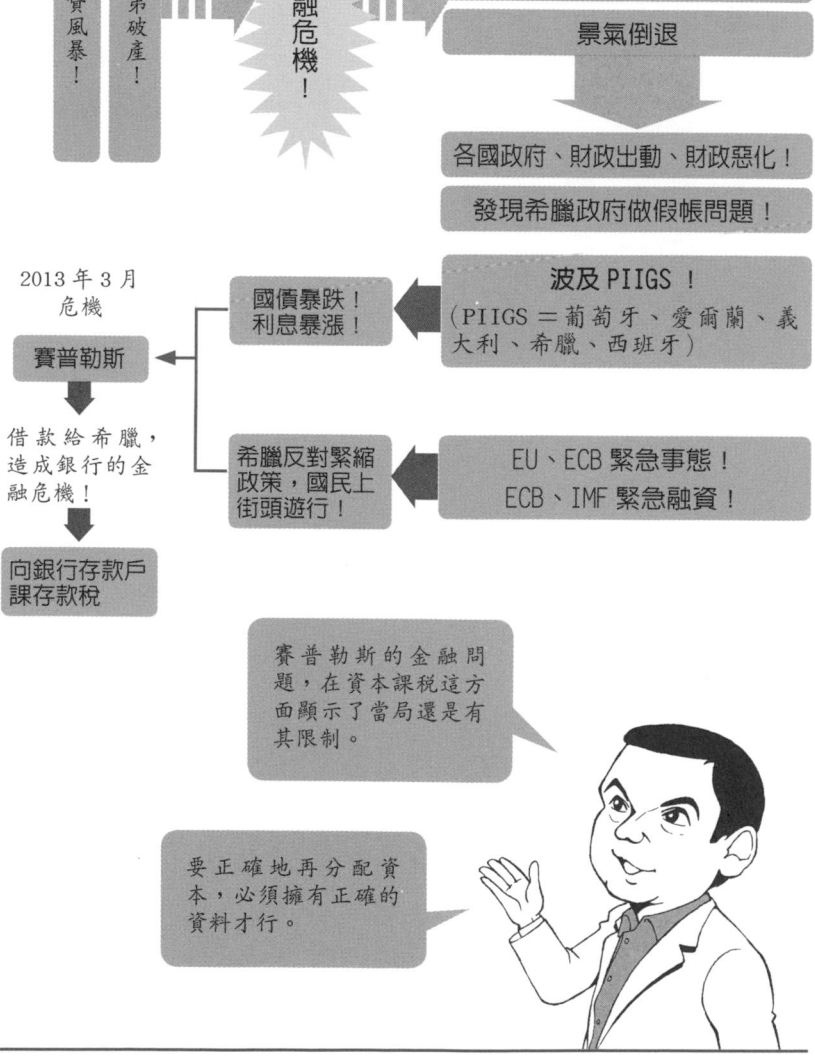

74 歐洲統合問題—如何解決二〇〇九年以來的危機？

由二〇〇九年開始，南歐各國開始發生一連串的金融危機，但其實在二〇〇二年歐元系統開始實行的時候，就已經隱含這些問題了。

聯合貨幣會導致政治、稅務、財政等問題自然地走向統一，聯盟的各國原本應該會有更密切的連結，但實際上只是使得情況更加混亂。

歐洲中央銀行（ECB）可以無限印製鈔票，因此必須要嚴加管制，而ECB的獨立性跟權限嚴重受限於歐洲各國。也因此，ECB承受各國的壓力，較無法實現一貫性的金融政策。

皮凱提指出，金融危機以後，各國公共債務問題已經浮現，應該有一個共同管理的基金會。此外，應該由各國派出國會議員，組織一個公開透明的議會來解決、融合各國意見對立的狀況。

接著就可以針對債務或財政赤字的問題，藉由基金會等使用財政預算等工具幫助導入累進資本稅制。

另外，因應跨國企業利用低稅率逃漏稅的現象，課徵企業利潤稅的時候，應由資本居住地改為投資人所在地較為合理。

如今，首先要著手的是修正世襲資本主義與私有利益的管理機制，歐洲政治當局應該試著摸索，以建構能迎向二十一世紀歐洲社會為模型。

歐洲統合問題

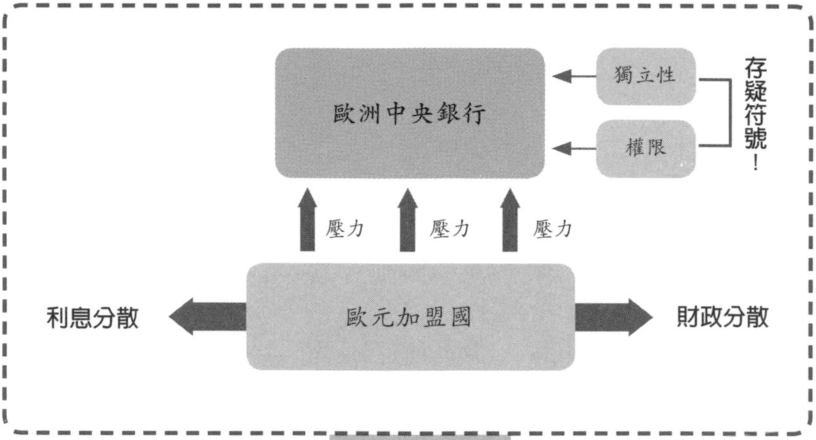

優先著手修正世襲資本主義與私有利益的管理機制，歐洲政治當局應該試著摸索，以建構能迎向 21 世紀歐洲社會為模型！

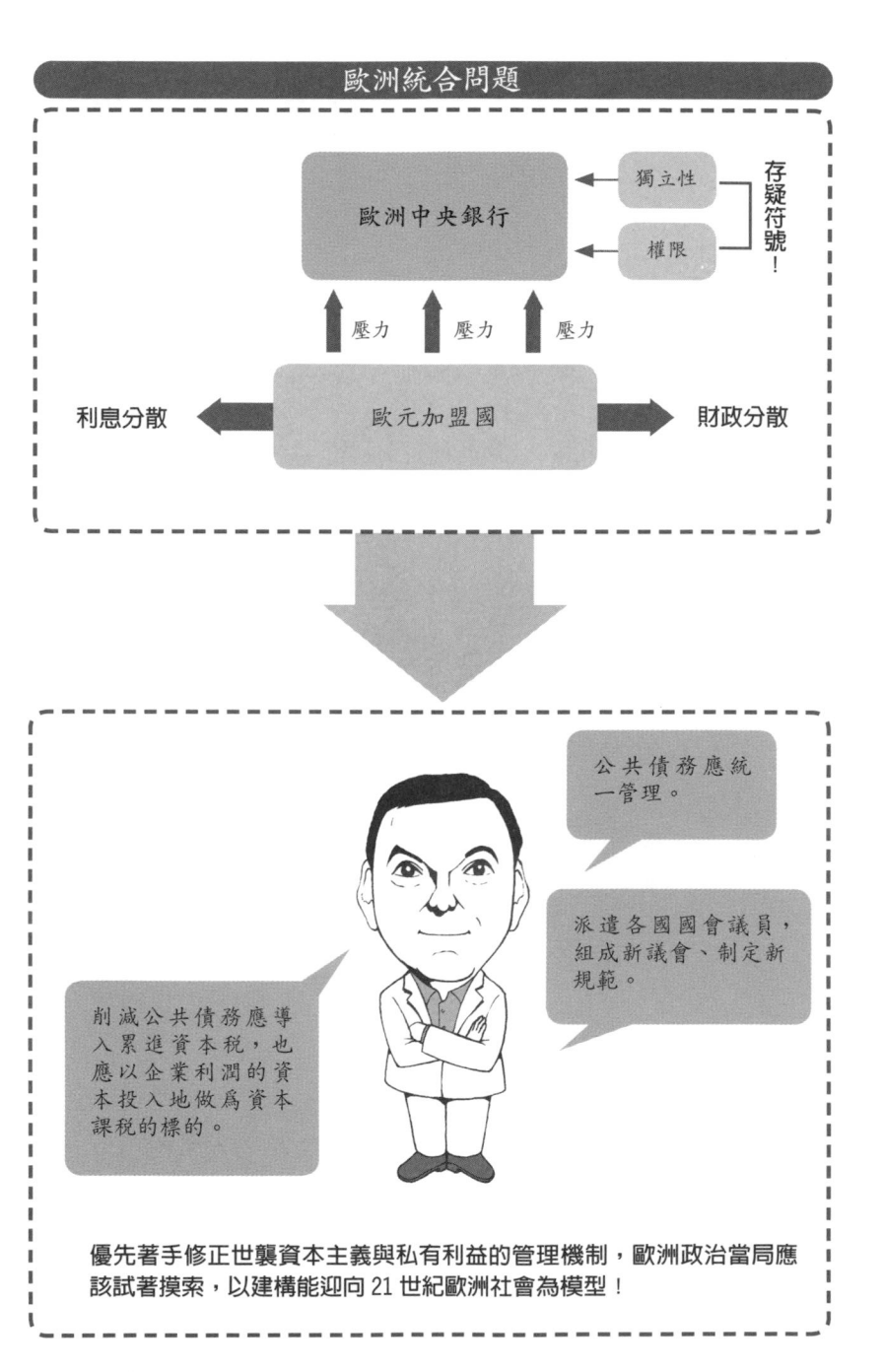

75 皮凱提總結──「r>g」的資本主義矛盾

皮凱提指出其「二十一世紀資本論」中的假設都是基於蒐集的資料所推論出的，是為了加以論證以及能夠更深入探討的手段之一，並非妄加猜測的假設。

有人對其結論：「基於私有財富的市場經濟如果不加以管制，則會威脅到民主制度以及制度下所代表的社會正義價值觀」抱持懷疑。

因此皮凱提才提出，必須針對此危機提出因應對策的訴求。

此對策為，應對純資本實施年度累進課稅制。

這種方式除了能夠規避螺旋式不平等的問題外，也可以利用一次性的課稅，使累積的稅金能夠產生新的競爭機會以及獎勵。

皮凱提倡導的稅率為：

一百萬歐元以下的資產課徵稅率為0.1～0.5%

一百至五百萬歐元則課徵1%

五百至一千萬歐元則為2%

數億或數十億歐元以上則課徵約5～10%

他確信只有這樣才能加以改善全球無限擴大的貧富不均現象。同時也能降低現今或是長期財富分配不均擴大的可能性，對於信任有秩序的市場機制的人們來說，也是必須得關注的問題。

皮凱提指出，貧富差距不符合所謂的創業精神，對於經濟成長也沒有幫助。

皮凱提的結論是？

r ＞ g 的結果會

造成貧富差距擴大，不能放任不管！

民主社會制度的崩壞！

危害社會正義本質！

提出累進資本稅制

純資產額	稅率
數億歐元以上	5 ～ 10%
500 ～ 1000 萬歐元	2%
100 ～ 500 萬歐元	1%
100 萬歐元以下	0.1 ～ 0.5%

貧富差距與企業家創業精神不符！
對於經濟成長也沒有任何益處！

76 皮凱提主張的「矯正貧富不均」與現實不符？

皮凱提主張「對富人課稅可以矯正貧富差距」。此論點當然會遭到富人的反彈。不少人甚至認為這只不過是嫉妒有錢人心態下提出的愚蠢方法。

因此也有人提出，「r>g」在其所謂的風險溢價的狀況下，是理所當然的結果。高風險所以高報酬率，沒有任何風險的純粹勞動所得，如果也能獲得一樣報酬的話，那麼誰願意承擔高風險去投資呢？

此外，皮凱提一廂情願地認為，貧富差距擴大是絕對的惡。但資本主義在發展的過程中，即使有貧富差距，但也能夠減輕貧窮的狀況。事實上，以全球中等家庭年收五千至三萬五千美元的標準來看，即使是日本的低收入戶家庭也完全在此標準之上。

也有人認為，日本幾乎已經是同質社會，資產底層的範圍過於廣泛才是貧富差距過小的主因，也是日本現今社會的問題之一。

另外還有其他不同的意見。課徵富人稅，並將稅金分配給全體國民，此舉真的就是所謂的公平與正義嗎？此類論者認為這只會強化國家支配的正當性，尤其在現今全球化的時代，更容易使得資本流至國外，根本無法解決問題。

還有更甚者批判日本的貧富差距並非資產差距。而是底層男女的薪資差別，以及正式雇用與非正式雇用的不平等，1%與99%的問題根本不符合日本社會結構，如果採用皮凱提的理論，只會強化政府機能，增加不事生產的懶惰國民而已。

反對皮凱提「二十一世紀資本論」的人？

《主要為富人階級》

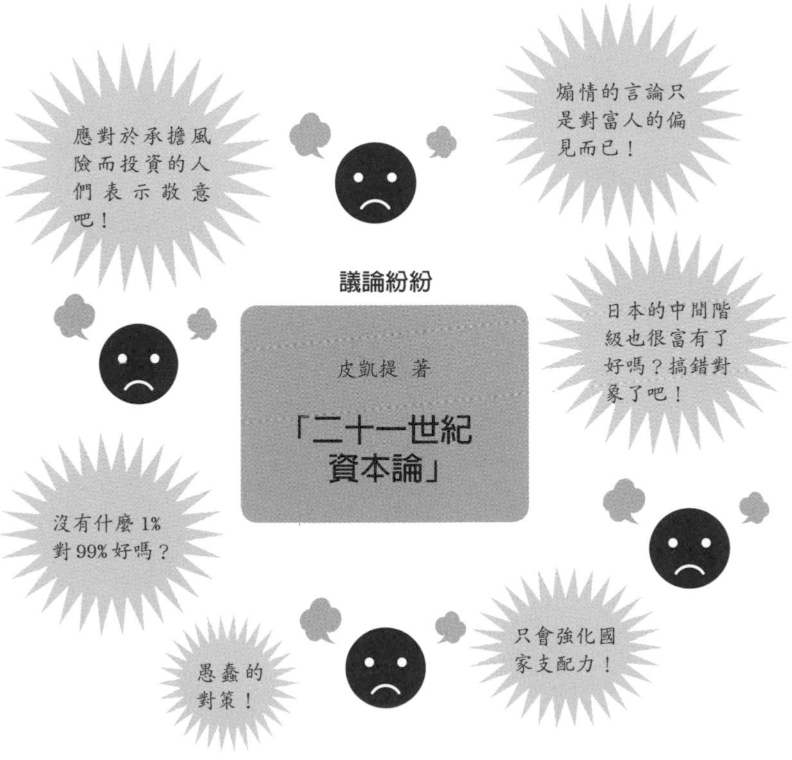
應對於承擔風險而投資的人們表示敬意吧！
煽情的言論只是對富人的偏見而已！
議論紛紛
皮凱提 著
「二十一世紀資本論」
日本的中間階級也很富有了好嗎？搞錯對象了吧！
沒有什麼1%對99%好嗎？
只會強化國家支配力！
愚蠢的對策！

根據 OECD 最新調查30個國家的結果……

OECD 各國中，1980 年代前 10% 的富人所得是後 10% 階級所得的 7 倍，到了 2011 至 2012 年則升高到 9.5 倍的貧富差距（以吉尼係數來看全部的國家，幾乎也呈現上升的情況。）
所得差距擴大則會造成經濟成長下降。
其中的理由之一是由於貧窮階層降低對教育投資的比例。

※ 根據經濟合作暨發展組織（OECD）2014 年 12 月的貧富差距與成長報告資料

77 「r」如果不大於「g」7％以上，資本將無法跨越世代？

「二十一世紀資本論」出版後，立即受到諾貝爾經濟學獎得主羅伯特・索羅（Robert Merton Solow）讚賞。不過仍有許多經濟學家抱持懷疑的態度。

皮凱提所提出的代表資本主義矛盾不等式「r>g」，並非由精準的邏輯算式導出，而只是用歷史資料導出的結論而已。

哈佛大學的格里高利・曼昆（N. Gregory Mankiw）教授提出，比起「r>g」更應該把重點放在「r=g」。

資本擁有者的消費金額大多很龐大，即使一部分拿來儲蓄，也會由於繼承而縮減財富，假設「r」值不比「g」大得多的話，則貧富差距就不會持續擴大。

根據曼昆教授的試算，只仰賴資本報酬生活的超級富人的消費經驗值約3％，若子女人數平均為兩人的話，則世代交替設為35年繼承，一人每年約減少2％的報酬率，而美國的遺產稅（聯邦與州稅合計）為50～45％，因此以35年為一世代則報酬率為2％，如果不是「r－7％＞g」的話，則資本儲蓄無法超越成長率。（美國的實際經濟成長率為3％）

他指出，如果用皮凱提所謂的「r」為4～5％，「g」為1～1.5％來計算的話，光是消費或是繼承，並無法使資本跨越世代累積。

但是皮凱提利用歷史數據表示出貧富差距擴大的事實，是他書中強力的論點之一。

眾經濟學者對皮凱提的「r>g」的疑問

羅伯特・索羅 (Robert Solow)
1987 年諾貝爾經濟學得主
(1924 年～)
※ 新興凱恩斯學派

歷來針對貧富不均的研究都有優缺點，皮凱提理論改進了缺點的部分。只不過其論點還是有曖昧不明的部分，也應研究、考慮勞動者儲蓄的部分。

讚賞派

約瑟夫・史迪格里茲
(Joseph Stiglitz；1943 年～)
2001 年諾貝爾經濟學得主
※ 新興凱恩斯學派

此書認爲財富儲蓄爲貧富不平等擴大的主因，是一印象深刻的著作。不過課徵富資本稅的理論卻太過單純，壓榨以及獨占利益才是造成貧富不均的主要原因。

保羅・克魯曼 (Paul Krugman)
2008 年諾貝爾經濟學得主
(1953 年～)
※ 新興凱恩斯學派

此書對貧困階級的觀察入微且大膽查證，說是這 10 年間最重要的經濟學著作也不爲過。

反對派

尼可拉斯・格里高利・曼昆
(Nicholas Gregory Mankiw)
哈佛大學　教授 (1958 年～)
※ 新興凱恩斯學派

資本所有者的消費水準大多很高，即使有一部分做爲儲蓄，資本也會因爲繼承而縮減金額。「r」假使沒有大於「g」非常多的話，則資本無法跨越世代繼續累積下去。

78「人力資本」與資本概念中的「住宅比率」不合理？

皮凱提提出的「資本」概念，包含實物資本和金融資本，是一個比較廣泛的純資本觀念，也被認為是財富(財產)的意思。但其中由於「人力資本」在量化上有困難，因此並不包含在內。

也有人質疑其觀點，因為人力資本涵蓋個人技術，因此才會成為現代經濟社會中不可或缺的重要因素之一。皮凱提認為正因為如此，必須有昂貴資本(設備)對應，才能實踐人力的高度技術，其資本就足夠反映出人力資本了。

對於皮凱提所提出的論點，以研究經濟成長聞名的學者—布朗大學的戴維．威爾(David Weil)就提出不同的意見。實際試算人力資本就會發現，幾乎所有資本的增加都是由人力資本而來，又因為資本的一部分被富人獨占的緣故，報酬便無法舉證做為證據。

到目前為止，關於皮凱提的觀點正確與否還是沒有結論，也有不少人針對皮凱提的資本內容提出諸多疑問。

左頁為第81、85頁曾經出現過的法國與美國的資本圖表，仔細看，資本中提升最高的比例為「住宅」。

在先進國家有六成都是自用住宅，並非一位富人就擁有好幾百間住宅。皮凱提將「住宅」所有者都當作以收租獲利的房東，並將租金納入資本報酬中，因此「r」值才會那麼高。

也有人提出反論，如果扣除自用住宅的租金再試算資本報酬的話，報酬率則幾乎沒有增加。

【疑問】增加的資本幾乎都爲人力資本？

增加的資本

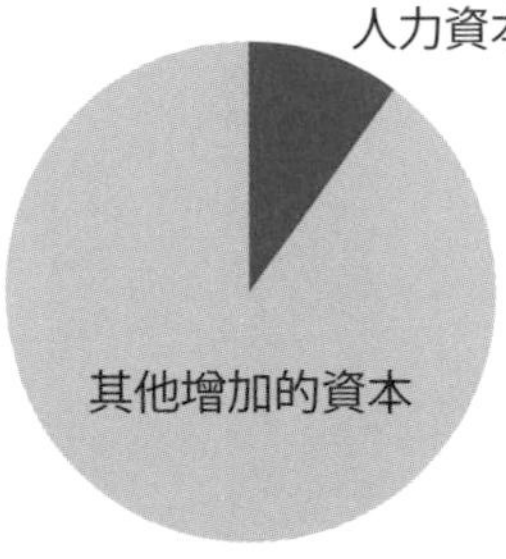

戴維・威爾（David Weil）

（布朗大學 教授）

資本增加的部分幾乎都是人力資本，而人力資本並無法被富人獨占。

【疑問】資本之中有很大的比例是「住宅」？

法國資本（1700 ～ 2010 年）

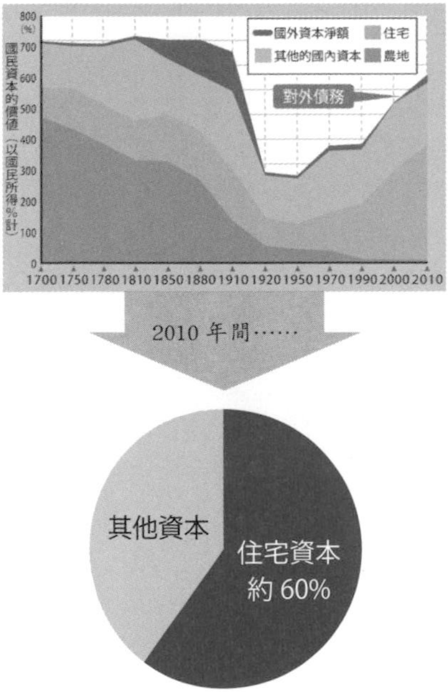

美國的資本與奴隸制度（1770 ～ 2010 年）

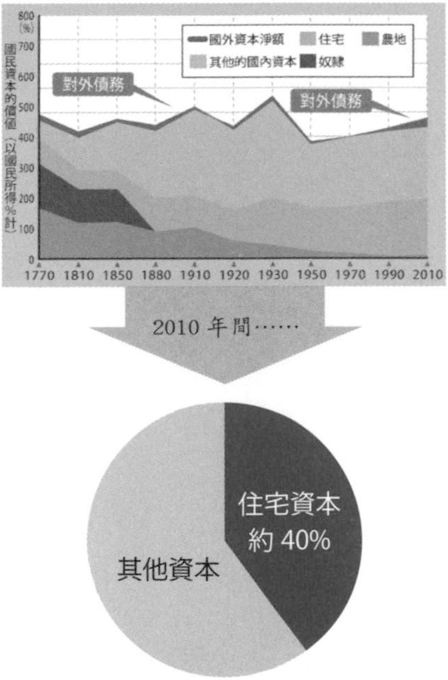

※ 其中的資本報酬率連自用住宅的租金也涵蓋在內，因此才使得資本報酬率提高吧！

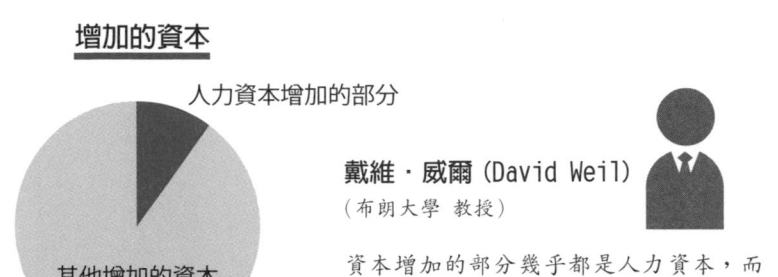

79 累進資本稅制並非最萬全的對策？

皮凱提認為，要解決分配不均的問題就應該實施累進資本稅制。但本人也認為此舉會造成租稅迴避，必須將全球稅務透明化，且各國銀行的資料也必須共有共享才行，就是一個理想的烏托邦世界。

先前提出「r-7%>g」的話，則資本累積無法超過成長率。提出不同觀點的哈佛大學曼昆教授也否定此資本課稅制度，他認為：「課徵資本稅會對資本累積造成阻礙，也會使得勞動生產性受到抑制，即便課徵的資本稅再全部重新分配給勞動者，但與沒有課徵資本稅的情況下相比，還是會降低勞動者的所得與消費水準。」

與皮凱提共同研究，在「二十一世紀資本論」也有著墨的安東尼．阿特金森（Anthony Atkinson）在別的論文中也表明了對此資本稅制的批判。他認為，要解決分配不均的問題，可從多種面向著手。例如繼承遺產稅、強化所得稅制，提升最低薪資，基本收入制度的導入、人才培養以及勞工的工會組織強化等都可解決分配不均的根本問題，不應只一面倒向課徵資本稅這個方案才是。

美國前聯邦儲備局局長格林斯潘（Alan Greenspan）也提出「累進資本稅並非資本主義的手段」，所得分配不均雖然正緩慢擴大是不爭的事實，但這也只是因為社會尚未適應過於快速變化的緣故而已。

另外，麻省理工學院經濟學達隆．阿齊默魯（Daron Acemoglu）教授也指出「皮凱提無視社會制度對分配不均的影響」，認為應從根本解決貧富不均現象而非治標不治本。

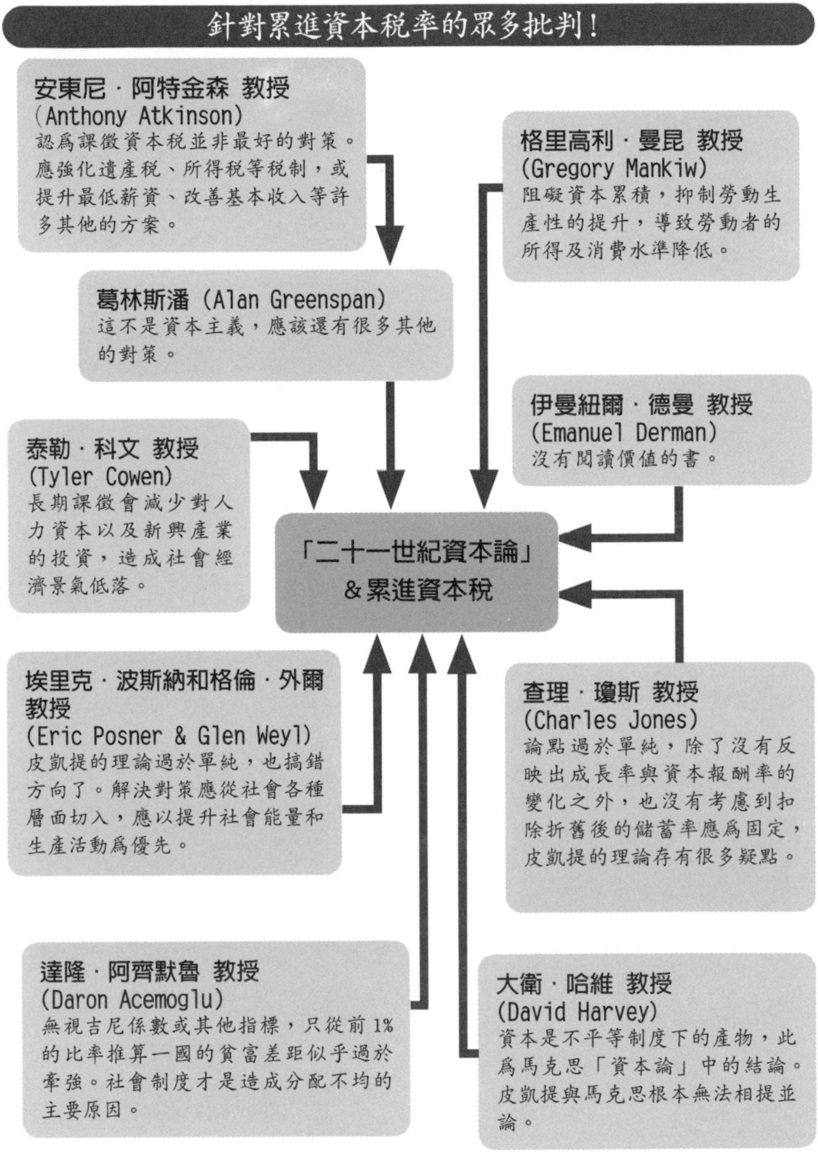
針對累進資本稅率的眾多批判！
安東尼・阿特金森 教授
(Anthony Atkinson)
認爲課徵資本稅並非最好的對策。應強化遺產稅、所得稅等稅制，或提升最低薪資、改善基本收入等許多其他的方案。
格里高利・曼昆 教授
(Gregory Mankiw)
阻礙資本累積，抑制勞動生產性的提升，導致勞動者的所得及消費水準降低。
葛林斯潘 (Alan Greenspan)
這不是資本主義，應該還有很多其他的對策。
伊曼紐爾・德曼 教授
(Emanuel Derman)
沒有閱讀價值的書。
泰勒・科文 教授
(Tyler Cowen)
長期課徵會減少對人力資本以及新興產業的投資，造成社會經濟景氣低落。
「二十一世紀資本論」
&累進資本稅
埃里克・波斯納和格倫・外爾 教授
(Eric Posner & Glen Weyl)
皮凱提的理論過於單純，也搞錯方向了。解決對策應從社會各種層面切入，應以提升社會能量和生產活動爲優先。
查理・瓊斯 教授
(Charles Jones)
論點過於單純，除了沒有反映出成長率與資本報酬率的變化之外，也沒有考慮到扣除折舊後的儲蓄率應爲固定，皮凱提的理論存有很多疑點。
達隆・阿齊默魯 教授
(Daron Acemoglu)
無視吉尼係數或其他指標，只從前1%的比率推算一國的貧富差距似乎過於牽強。社會制度才是造成分配不均的主要原因。
大衛・哈維 教授
(David Harvey)
資本是不平等制度下的產物，此爲馬克思「資本論」中的結論。皮凱提與馬克思根本無法相提並論。

※「基本收入（Basic Income）」是定期無條件提供國民最低限生活收入，不需要也不會審查是否眞的爲低收入户或社會福利保障對象，沒有條件和資格限制。但因爲不公平且預算太高的緣故，目前已經廢止。

80 皮凱提對日本提出的處方箋

這本書在全球各地受到廣泛的討論。

皮凱提曾於二〇一四年一月二十九日造訪日本，在四天的行程裡舉辦幾場演講、座談會等各式訪談，其中也針對日本的經濟提出了一些看法。

對於日本的公共債務也提出了相當皮凱提式的解決方法。他認為應對豐富的私有資本實施累進稅制，如此便可負擔政府的公共債務。

表面上的國民所得即使在最高點時，也減少了約40兆日圓。皮凱提認為這跟十九世紀的英國通貨緊縮，使得公共債務急速上升的狀況非常相似。

日本與英國不同之處在於因為人口減少導致勞動人口也隨著降低，經濟規模跟著縮小的緣故。

「物價下跌再加上勞動人口減少，造成日本獨特的經濟現象」。

此外，他還提出其他論點，為了解決世代間的分配不均問題，應採取對年輕一代有利的稅制，減輕中低所得者的賦稅負擔，增加不動產資產的增值稅等。

他批判安倍經濟學太過於依賴金融政策。中央銀行一味印鈔票，接著貸予金融機構的做法，不但會使得通貨膨脹，如果沒有配套措施，只會不斷地提高物價指數，還會有資產泡沫化的危機，因此不得不好好檢討稅務政策。

最後，他也提出日本如要終止通貨緊縮，轉變為通貨膨脹，則政府應率先提高公務員薪資。

皮凱提針對日本所提出的經濟處方箋

減少公共債務的方法

建議！ **實施累進資本稅制** → 幸好日本私有資產富裕，因此可實施累進資本稅制，以幫助日本政府脫離困境！

危險！ **印製新鈔導致通貨膨脹** → 不僅使得物價指數上升，連資產價格也會上漲，最後演變成不可收拾的局面！

不利！ **財政緊縮** → 英國於拿破崙戰爭後的 19 世紀期間財政緊縮，連帶教育投資也受到影響，對於英國之後的成長產生反效果！

擺脫通貨緊縮！

欲結束通貨緊縮狀況，轉換成通貨膨脹的話，則政府應率先提高公務員薪資！

解決世代間分配不均的問題

應採取對年輕世代有利的稅制政策，減低對中低收入戶的賦稅負擔，以及增加對不動產及資產的稅制。

涓滴效應

從過去歷史來看，無法保證會產生正面效應。

獎勵生育提高勞動力！

應支持家庭男女平等政策。瑞典與法國都因實施此政策的關係，大幅提升出生率至 2.0。雖然要長期才能看出效果，因此短期內還是必須由提高薪資來達成通貨膨脹的目的。

※「合計特殊出生率」：平均一位女性一生中所產出的孩童數。日本如要達到人口不增加也不減少的均衡狀態的話，則出生率必須有 2.07。

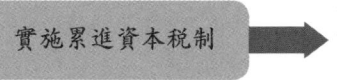

神樹兵輔・21世紀展望協會

1954年廣島縣出生。明治大學法學部畢業。曾於廣告公司、知名化妝品公司和外商企業負責企劃、經營工作。因爲實務經歷豐富，常在各大報章雜誌上發表新企劃，也策劃各種活動、出版企劃等。於二十多歲出社會工作時，即開始研究股票以及不動產等投資，成爲經濟分析和投資顧問、金融作家，爲「亞洲投資座談會」創辦人（現改爲21世紀展望協會），提供金融、外匯、不動產等經濟專業知識。

國家圖書館出版品預行編目(CIP)資料

圖解 二十一世紀資本論
神樹兵輔 著 / 吳秋瑩 譯 / 修訂二版.
台北市 / 十力文化 / 2021.10
ISBN 978-986-06684-2-1（平裝）
1. 資本主義 2.市場經濟

550.187 110016187

圖解二十一世紀資本論

為什麼資本家即使什麼都不做，財富也會一直增加？

見るだけでわかるピケティ超図解

作　　者　神樹兵輔・21世紀展望協會

編　　輯　吳玉雯
翻　　譯　吳秋瑩
封面設計　劉詠軒
美術編輯　林子雁

出 版 者　十力文化出版有限公司
公司地址　11675 台北市文山區萬隆街 45-2 號
通訊地址　11699 台北郵政 93-357 號信箱
電　　話　02-2935-2758

電子郵件　omnibooks.co@gmail.com
統一編號　28164046
劃撥帳號　50073947

I S B N　978-986-06684-2-1
出版日期　2021 年 10 月
版　　次　修訂二版第一刷
書　　號　D2107
定　　價　350元

地址：

姓名：

正　貼
郵　票

十力文化出版有限公司　企劃部收

地址：台北郵政 93-357 號信箱

傳真：(02) 2935-2758

E-mail：omnibooks.co@gmail.com

讀　者　回　函

無論你是誰，都感謝你購買本公司的書籍，如果你能再提供一點點資料和建議，我們不但可以做得更好，而且也不會忘記你的寶貴想法喲！

姓名／　　**性別／**□女□男　**生日／**　　年　　月　　日

聯絡地址／　　**連絡電話／**

電子郵件／

職業／□學生　□教師　□內勤職員　□家庭主婦　□家庭主夫
□在家上班族　□企業主管　□負責人　□服務業　□製造業
□醫療護理　□軍警　□資訊業　□業務銷售　□以上皆是
□以上皆非　□請你猜猜看
□其他：

你為何知道這本書以及它是如何到你手上的？

請先填書名：
□逛書店看到　□廣播有介紹　□聽到別人說　□書店海報推薦
□出版社推銷　□網路書店有打折　□專程去買的　□朋友送的　□撿到的

你為什麼買這本書？

□超便宜　□贈品很不錯　□我是有為青年　□我熱愛知識　□內容好感人
□作者我認識　□我家就是圖書館　□以上皆是　□以上皆非
其他好理由：

哪類書籍你買的機率最高？

□哲學　□心理學　□語言學　□分類學　□行為學
□宗教　□法律　□人際關係　□自我成長　□靈修
□型態學　□大衆文學　□小衆文學　□財務管理　□求職
□計量分析　□資訊　□流行雜誌　□運動　□原住民
□散文　□政府公報　□名人傳記　□奇聞逸事　□把哥把妹
□醫療保健　□標本製作　□小動物飼養　□和賺錢有關　□和花錢有關
□自然生態　□地理天文　□有圖有文　□真人真事
請你自己寫：

根據個人資訊保護法，本公司不會外洩您的個人資料，你可以放心填寫。溝通，是為了讓互動更美好，在出版不景氣的時代，本公司相信唯有將書做得更好，並且真正對讀者有幫助，才是唯一的道路。好書、不僅能增加知識還必需能提高學習效率，讓想法與觀念深植人心。能有耐心看到這一行的您，恭喜，只要您填妥此表並傳真至02-29352758或郵寄至台北郵政93-357號信箱，您將會得到本公司的精美筆記本一冊，請注意！僅限傳真或紙本郵寄方屬有效（因本公司須保留正本資料）但請千萬注意，姓名、電話、地址務必正確，才不會發生郵寄上的問題。還有，郵寄範圍僅限台澎金馬區域，不寄到國外，除非自己付郵資。

順頌　健康美麗又平安

十力
文化

十力
文化

十力文化

十力
文化